westermann

Heinz Frisch, Erwin Lösch, Thomas Megele

Metalltechnik Grundstufe

Technologie

16. Auflage

Bestellnummer 55035

westermann GRUPPE

Die Seiten dieses Arbeitshefts bestehen zu 100 % aus Altpapier.

Damit tragen wir dazu bei, dass Wald geschützt wird, Ressourcen geschont werden und der Einsatz von Chemikalien reduziert wird. Die Produktion eines Klassensatzes unserer Arbeitshefte aus reinem Altpapier spart durchschnittlich 12 Kilogramm Holz und 178 Liter Wasser, sie vermeidet 7 Kilogramm Abfall und reduziert den Ausstoß von Kohlendioxid im Vergleich zu einem Klassensatz aus Frischfaserpapier. Unser Recyclingpapier ist nach den Richtlinien des Blauen Engels zertifiziert.

Druck und Bindung: Westermann Druck GmbH, Georg-Westermann-Allee 66, 38104 Braunschweig

ISBN 978-3-427-55035-8

Bemerkungen zu den Arbeitsblättern

1. Zum Inhalt der Arbeitsblätter

Die Arbeitsblätter behandeln grundlegende Themen der Metalltechnik.

2. Zur Absicht der Arbeitsblätter

Die Arbeitsblätter wollen das **Wichtige und Wesentliche** der einzelnen Lehreinheiten in **übersichtlicher und deshalb einprägsamer** Weise festhalten. Sie wollen nicht das Lehrbuch ersetzen. Sehr wohl dagegen eignen sie sich zur Arbeit mit dem Lehrbuch. Die Arbeitsblätter können grundsätzlich zusammen mit allen gängigen Fachkundebüchern verwendet werden.

3. Zum Einsatz der Arbeitsblätter

Es bieten sich drei grundsätzliche Möglichkeiten an:

a) **Einsatz als vorbereitende Hausaufgabe:** Der Schüler arbeitet zu Hause unter Verwendung des Fachkundebuchs ein bestimmtes Thema durch. Es empfiehlt sich dabei, mit Bleistift zu schreiben, damit in der Schule noch Korrekturen vorgenommen werden können.

b) **Einsatz als nachbereitende Hausaufgabe:** Nach der Besprechung einer Lehreinheit im Unterricht arbeitet der Schüler zu Hause das entsprechende Arbeitsblatt durch.

c) **Einsatz während des Unterrichts:** Jeder Einzelabschnitt einer Lehreinheit (A, B usw.) dient dabei als Teilziel im Unterricht.
Ist dieses Teilziel erarbeitet, wird anschließend sofort der entsprechende Abschnitt ausgefüllt.

Inhaltsverzeichnis

1 Betriebsorganisation

Name:	Klasse:	Datum:

Ein Betrieb hat nur Erfolg, wenn er
1. qualifizierte Mitarbeiter und eine gute Führung hat,
2. gut organisiert ist, d.h. die einzelnen Abteilungen und Aufgabenträger reibungslos zusammenarbeiten.

Welche Abteilungen bzw. Aufgabenträger kennen Sie in Ihrem Betrieb?

____

____

____

Organisation eines Betriebs

① Welche Abteilungen hat gewöhnlich ein größeres metalltechnisches Unternehmen?

Geschäftsleitung

kaufmännischer Bereich

a) ______________________________
zuständig für Beschaffung von Material, Maschinen, Werkzeugen

b) ______________________________
zuständig für Aufträge, Werbung, Kundenbetreuung, ggf. Rechnungsstellung

c) ______________________________
zuständig für Lagerung fertiger Produkte

d) ______________________________
zuständig für Verpackung, Beförderung, Auslieferung, ggf. Rechnungsstellung

e) ______________________________
zuständig für Lohnermittlung, Lohnauszahlung

f) ______________________________
Informationsverarbeitung

technischer Bereich

a) ______________________________
zuständig für Leitung und Kontrolle des technischen Bereichs

b) ______________________________
zuständig für Entwicklung und Konstruktion von Produkten

c) ______________________________

____
zuständig für Planung des Fertigungsprozesses

d) ______________________________
zuständig für Herstellung des Produkts

e) ______________________________
Qualitätskontrolle

In kleineren Betrieben können mehrere Abteilungen zusammengefasst sein.
Im Ein-Personen-Betrieb müssen zwar alle Funktionen (Aufgaben) ausgeführt werden, sind jedoch in einer Person vereinigt.

② Ein Kunde bestellt bei einem größeren metallverarbeitenden Betrieb eine Biegevorrichtung. Mit dieser sollen kleine Kupferblechstreifen (Größe 0,5 x 5,5 x 37) in einem Winkel von 120° gebogen werden.

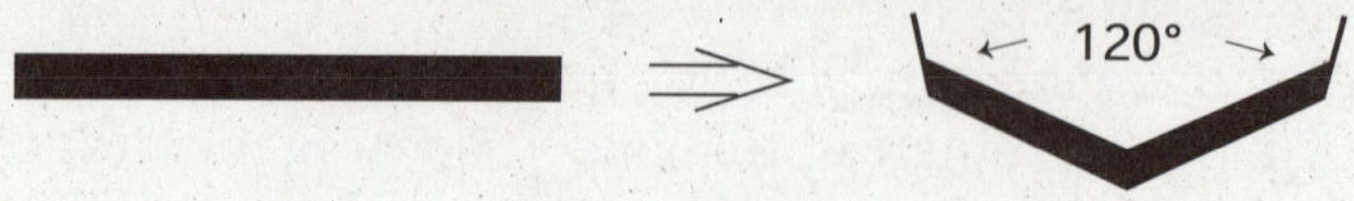

Stellen Sie dar, in welcher Reihenfolge die unmittelbar mit dem Auftrag befassten Abteilungen tätig werden.

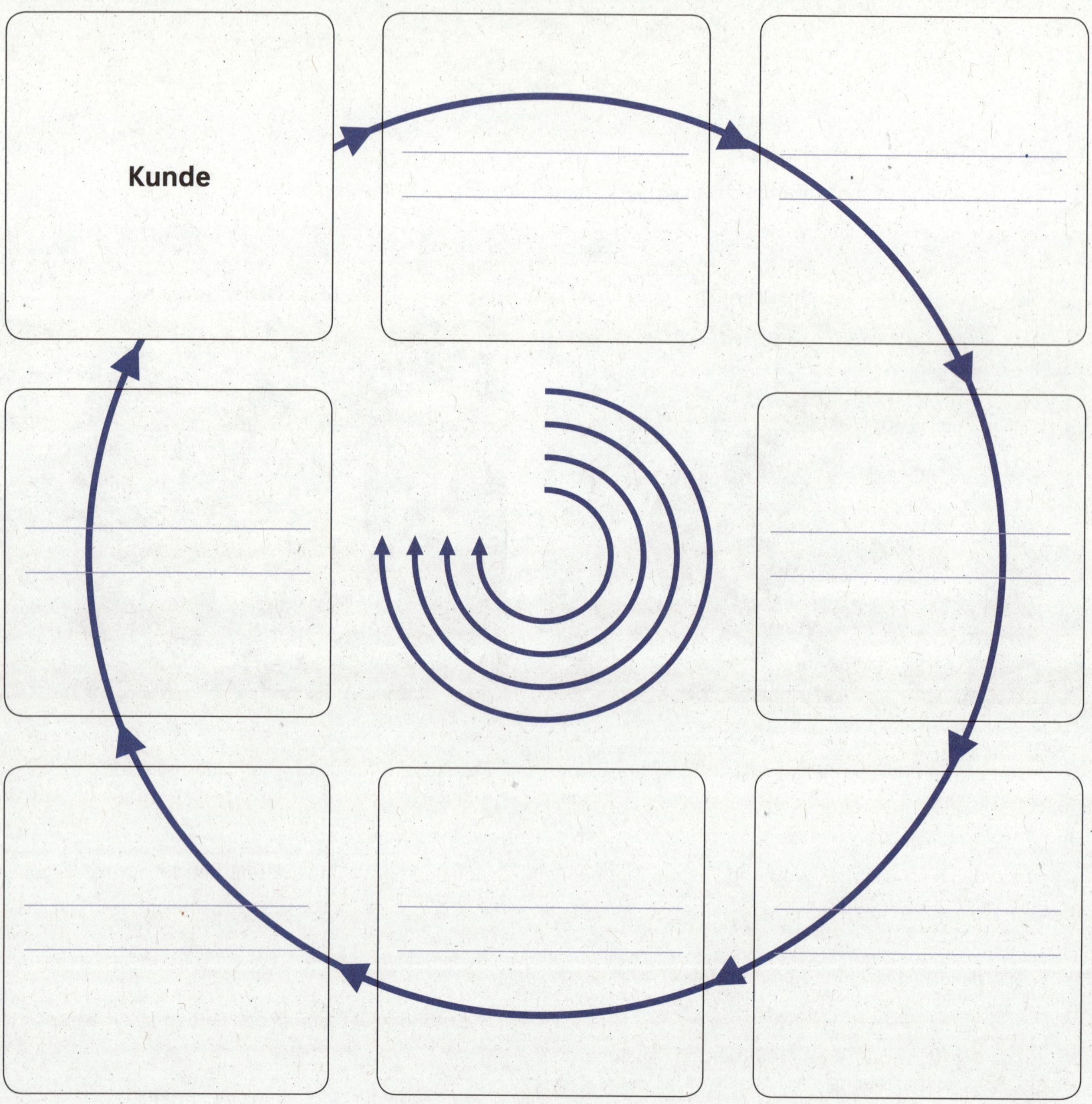

2 Prüfen

Name:	Klasse:	Datum:

Auftrag: Herstellung einer Grundplatte

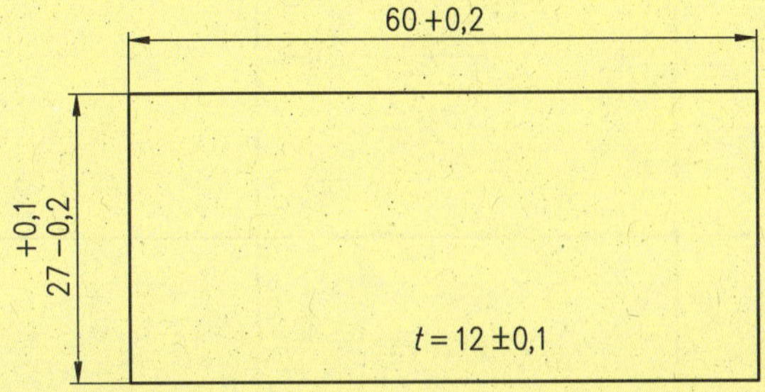

Ausgangsmaterial: Flach 30x14

Mit welchen Arbeitsverfahren kann das Werkstück hergestellt werden?

____

Mit welchen Prüfwerkzeugen können die Vorgaben geprüft werden?

____

____

____

A Arten des Prüfens

Welche zwei grundsätzlichen Arten des Prüfens unterscheidet man?

______________	______________
Das Ergebnis dieser Art des Prüfens ist ein ______________ -wert.	Das Ergebnis dieser Art des Prüfens ist **kein Zahlenwert**. Man stellt fest, ob das Werkstück den ______________ an die Genauigkeit entspricht, d. h., ob es ______________ oder ______________ ist.

B Messgeräte

Wie bezeichnet man die folgenden Werkzeuge, die beim Messen verwendet werden?

Messgerät	Bezeichnung	Ablesung
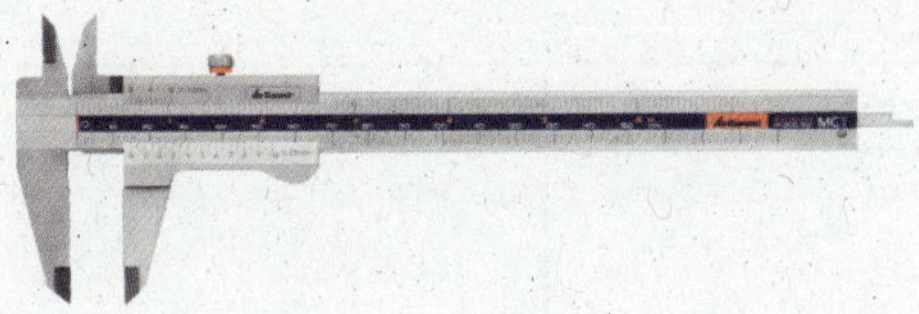	______________ ______________	______________ ______________
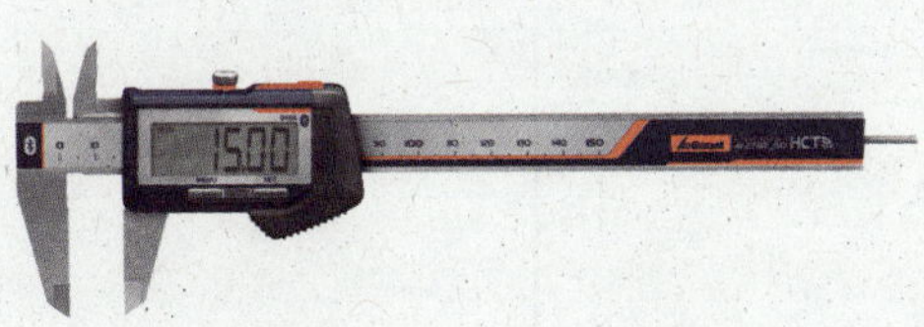		

Messgerät	Bezeichnung	Ablesung
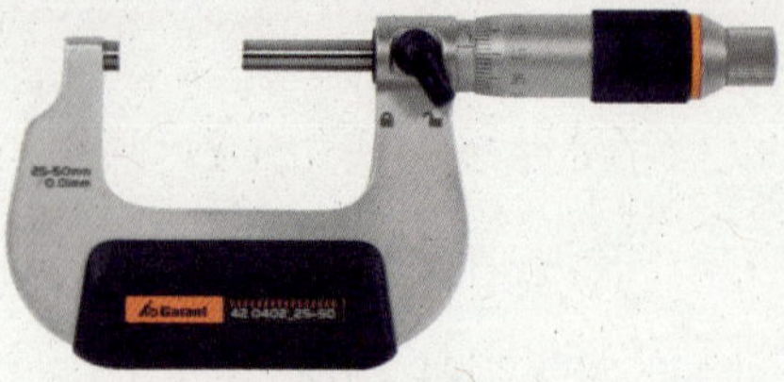		
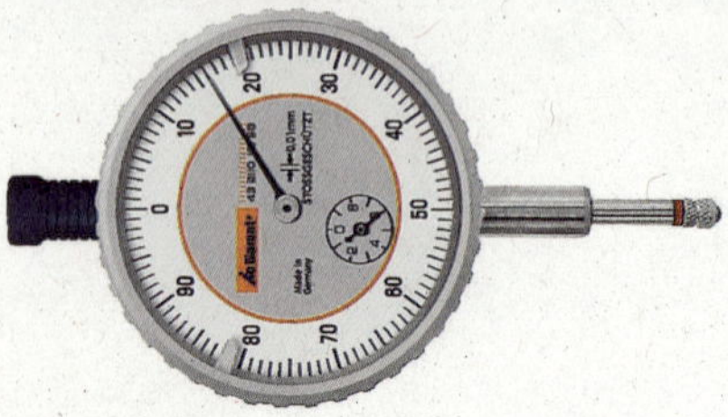		
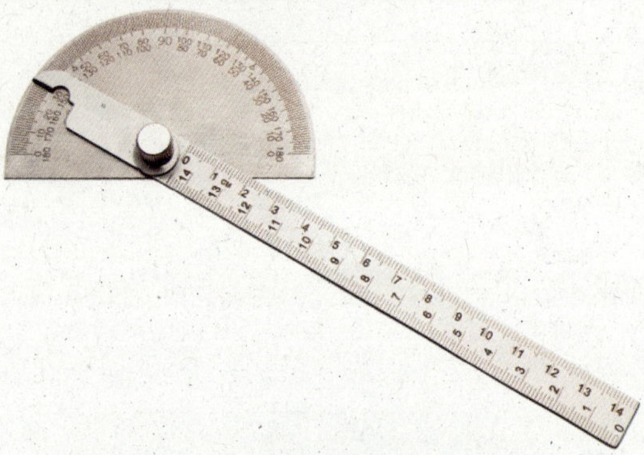		
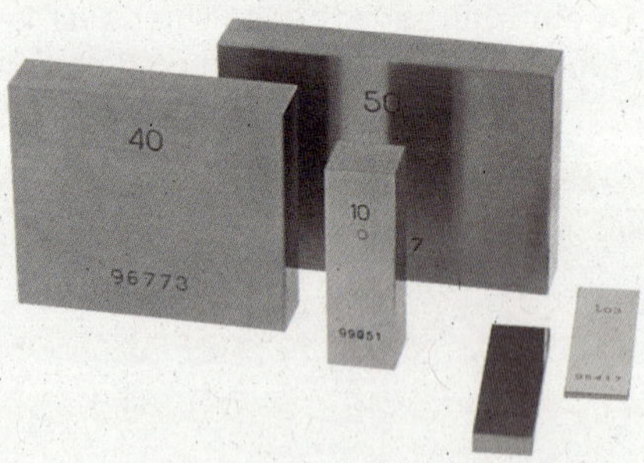		Verwendung:

C Lehren

① Wie heißen die folgenden Werkzeuge, die als Lehren verwendet werden?

Werkzeug	Bezeichnung	Verwendung

2 Prüfen

Name:	Klasse:	Datum:

Werkzeug	Bezeichnung	Verwendung
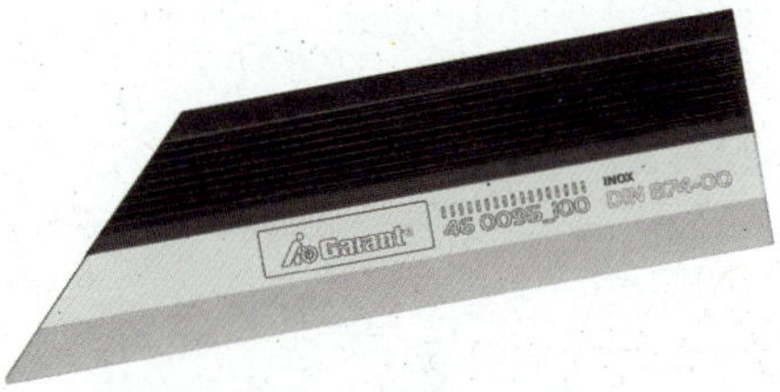		

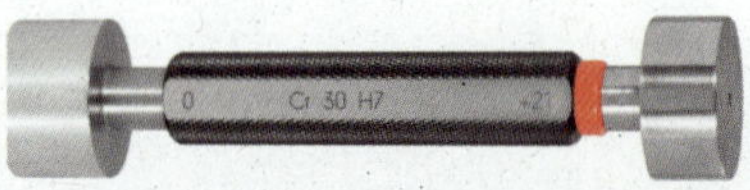		
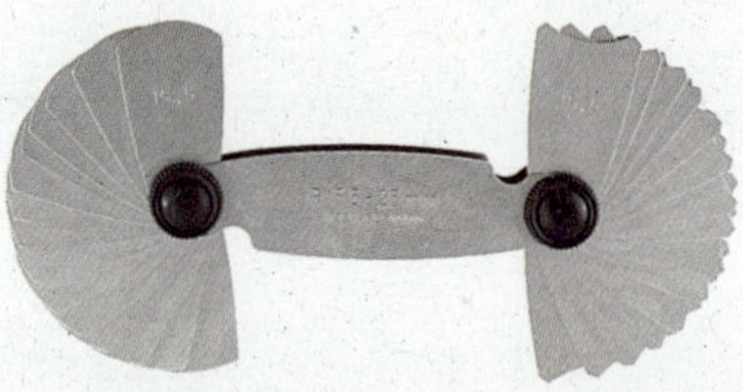		
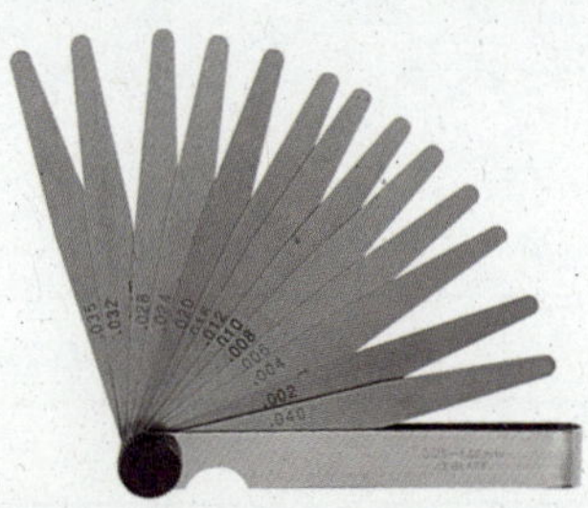		

② Lehren, die dazu dienen, eine bestimmte Form nachzuprüfen, bezeichnet man als **Formlehren (F)**. Lehren, mit denen man prüfen kann, ob das Werkstück zu groß oder zu klein ist, nennt man **Maßlehren (M)**. Kennzeichnen Sie die abgebildeten Lehren mit F oder M.

D Toleranzen

Ein glattes, ganz präzises Maß (z. B. 60,000 ...) lässt sich in der Fertigung nicht erzielen; es kann immer nur annäherungsweise erreicht werden. Mit zunehmender Genauigkeit steigen außerdem die Fertigungskosten in erheblichem Maß. Deshalb werden bereits in der technischen Zeichnung solche Maßabweichungen (Toleranzen) festgelegt, dass das Werkstück einerseits wirtschaftlich gefertigt werden kann, andererseits in seiner Funktion nicht beeinträchtigt wird.

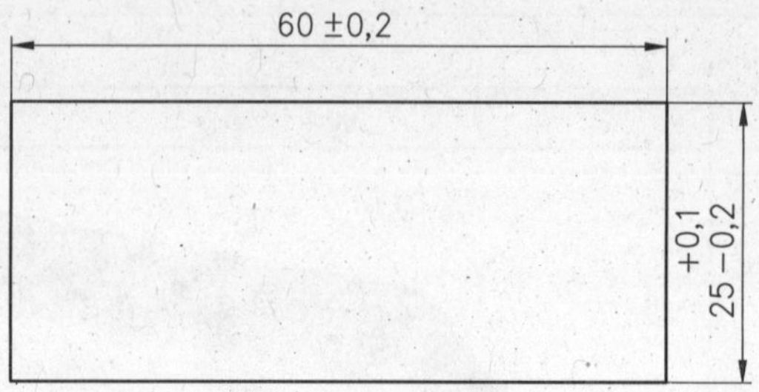

① Was bedeutet das Maß $25^{+0,1}_{-0,2}$?

Das Maß $25^{+0,1}_{-0,2}$ bedeutet, dass das tatsächliche Maß des fertigen Werkstücks

Man nennt ein solches Maß auch

Dabei bezeichnet man

a) das Hauptmaß (hier: 25,0) als

b) die bildliche Darstellung der Bezugslinie für das Nennmaß (25,0) als

c) die Grenzwerte der zulässigen Abweichungen (hier: +0,1 und −0,2) als

die + Abweichung als

die − Abweichung als

d) das kleinste Maß, das das Werkstück haben darf (hier: 24,8), als

e) das größte Maß, das das Werkstück haben darf (hier: 25,1), als

f) Mindestmaß und Höchstmaß zusammen als

g) den Maßbereich zwischen dem Mindestmaß und dem Höchstmaß (hier: 24,8 ... 25,1 ≙ 0,3) als

h) das tatsächliche Maß, das das fertige Werkstück hat, als

Ein Werkstück ist richtig hergestellt, wenn das Istmaß

② Ergänzen Sie die Tabelle.

	$35^{+0,2}_{-0,1}$	$120^{+0,1}_{-0,3}$	$45^{+0,2}$	$60 \pm 0,2$	$120^{+0,4}_{+0,1}$	$120^{-0,1}_{-0,4}$
Nennmaß						
oberes Abmaß						
unteres Abmaß						
Mindestmaß						
Höchstmaß						
Maßtoleranz						

Name:	Klasse:	Datum:

E Direktes und indirektes Messen

Worin besteht der grundsätzliche Unterschied zwischen den abgebildeten Messverfahren? Wie bezeichnet man diese Messverfahren?

a) Bei diesem Verfahren wird der ____________________ über das Messgerät ________________ ermittelt.

____________________________________ (Bezeichnung des Verfahrens)

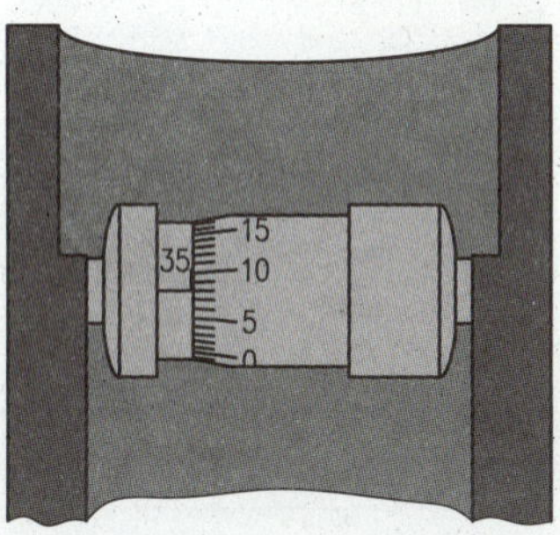

b) Wie bezeichnet man das abgebildete Messgerät?

____

c) Wie groß ist der eingestellte Wert? ______________

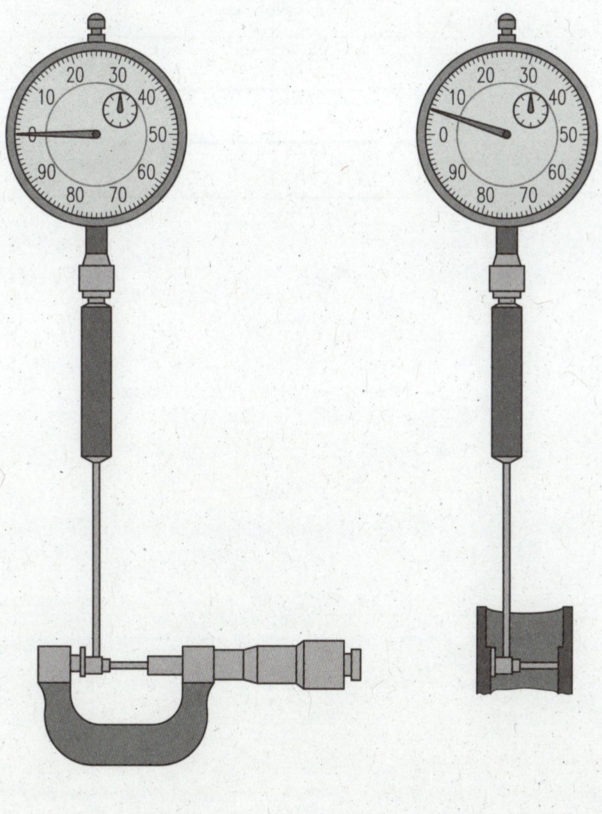

d) Bei diesem Verfahren wird das **Nennmaß** an einer Messschraube **eingestellt.** Das Innenmessgerät wird dann in die Messschraube eingesetzt und die ____________ der Messuhr auf ____________ gestellt. Wenn das Innenmessgerät anschließend in das Werkstück eingesetzt wird, gibt der ____________ der Messuhr die ____________________ vom Nennmaß an.

____________________________________ (Bezeichnung des Verfahrens)

F Allgemeintoleranzen

① Maße ohne Toleranzangaben werden als Freimaße bezeichnet. Für sie gelten die sog. Allgemeintoleranzen. Ermitteln Sie mithilfe Ihres Tabellenbuchs, welche Toleranzklassen innerhalb der Allgemeintoleranzen für Längen- und Winkelmaße unterschieden werden.

Toleranzklassen für Längen- und Winkelmaße DIN ISO 2768-1

Benennung	Kurzzeichen

② Worauf beziehen sich die Allgemeintoleranzen für Längenmaße? (Beispiele)

③ Ermitteln Sie mithilfe Ihres Tabellenbuchs die Mindest- und Höchstmaße der mit ① bis ⑥ gekennzeichneten Maße an dem 5-mm-Stahlblech. (Toleranzklasse: mittel)

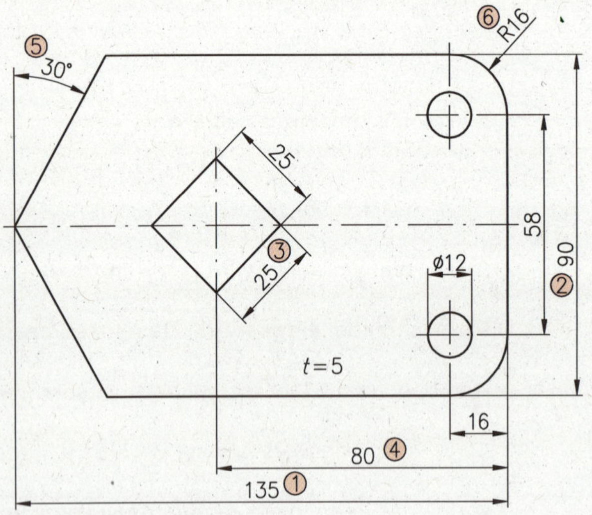

	Nennmaß	Mindestmaß	Höchstmaß
①			
②			
③			
④			
⑤			
⑥			

Name: Klasse: Datum:

Bei der Herstellung von Werkstücken werden unterschiedliche Verfahren angewendet. Diese Fertigungsverfahren lassen sich in sechs Hauptgruppen einteilen. Ergänzen Sie die folgende Übersicht.

Verfahren					
Aus „formlosem“ Stoff (z. B. Schmelzgut, Pulver) wird ein fester Körper mit bestimmter Form hergestellt.	Die Form eines Körpers wird durch Einwirken einer äußeren Kraft plastisch verändert.	Die Form eines Körpers wird verändert, indem der Werkstoffzusammenhalt an bestimmten Stellen aufgehoben wird.	Zwei oder mehrere Werkstücke werden miteinander verbunden.	Auf ein Werkstück wird eine fest haftende Schicht aus „formlosem“ Stoff aufgebracht.	Die Stoffeigenschaften eines Werkstücks werden durch Umlagern, Aussondern oder Einbringen von Stoffteilchen verändert.
Beispiele					

A Trennverfahren: Zerteilen und Spanen

① Wie bezeichnet man die dargestellten grundsätzlichen Verfahren des Trennens? Nennen Sie dazu jeweils beispielhaft drei Einzelverfahren.

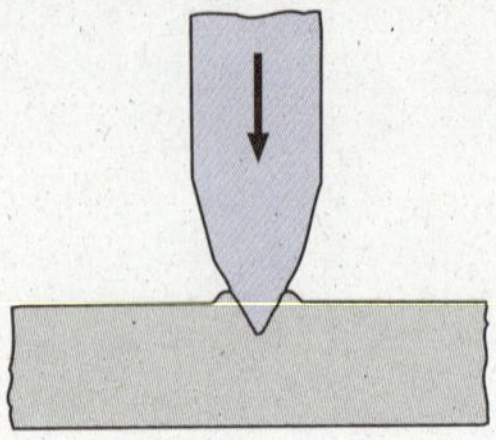

Beispiele:

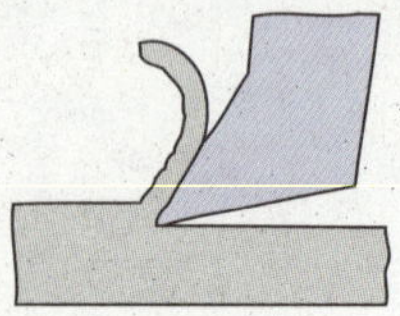

Beispiele:

② Die verschiedenen Verfahren des Zerteilens und Spanens können in manuelle (Hand-) und maschinelle (Maschinen-) Verfahren eingeteilt werden. Stellen Sie diese Verfahren in der Tabelle zusammen und ordnen Sie den Fotos die entsprechenden Verfahren zu.

manuelle Verfahren	maschinelle Verfahren

Name:	Klasse:	Datum:

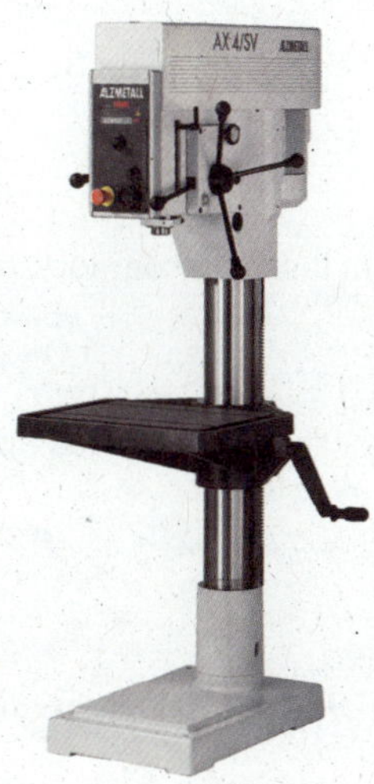

B Kräfte am Keil

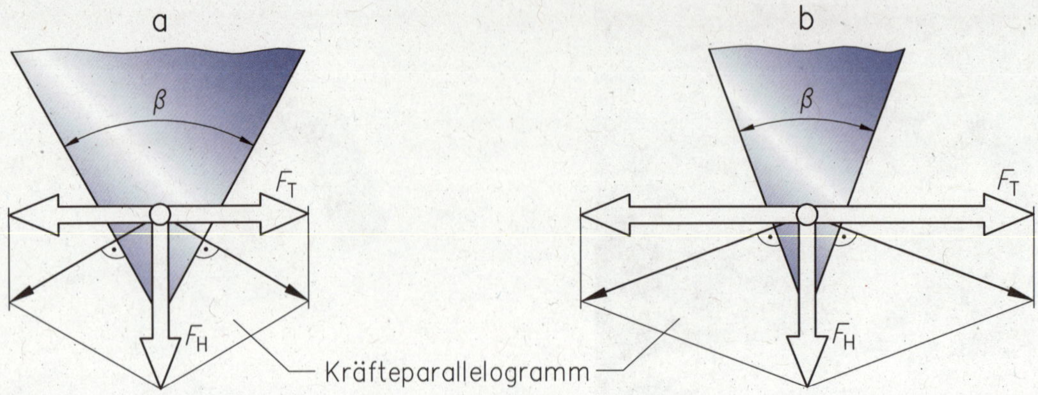

F_H ≙ Hauptkraft (bei beiden Abb. gleich groß)
F_T ≙ Trennkraft

① Kennzeichnen Sie die Pfeile für die Trennkraft mit Farbe.

② Welcher Keil entfaltet die größere Trennwirkung? Begründen Sie Ihre Antwort.

____

③ Welche Regel lässt sich daraus ableiten für die Trennwirkung des Keils?

____

Welche Regel lässt sich daraus ableiten für den Kraftaufwand beim Trennen?

____

C Winkel an der Werkzeugschneide

Wie nennt man die Winkel α, β und γ an der Werkzeugschneide?

α (alpha) = ______________ -winkel

β (beta) = ______________ -winkel

γ (gamma) = ______________ -winkel

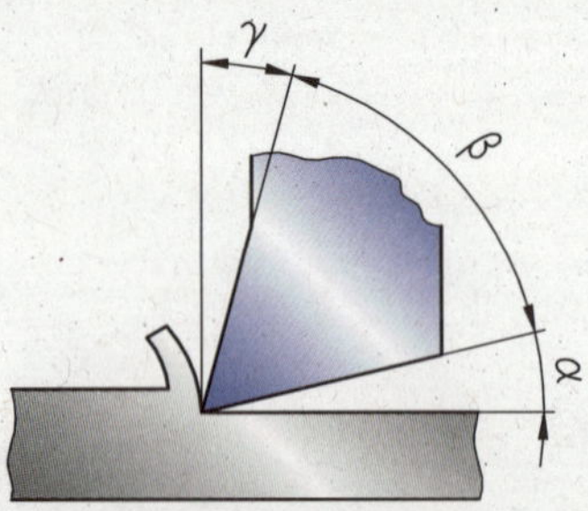

D Keilwinkel

Welche Arbeitsregel gilt für die Größe des Keilwinkels beim Zerteilen und Spanen?

Für **harte** Werkstoffe (z. B. Stahl, Grauguss): ______________ Keilwinkel

Für **weiche** Werkstoffe (z. B. Aluminium): ______________ Keilwinkel

Begründen Sie diese Arbeitsregel.

____

____

Name:	Klasse:	Datum:

E Freiwinkel

① Welchen Zweck hat der Freiwinkel?

② Wie groß soll der Freiwinkel an Werkzeugschneiden sein?

F Zusammenhänge Spanwinkel-Spanform-Arbeitsauswirkungen

① Stellen Sie die Größe der jeweiligen Spanwinkel fest (großer – mittlerer – kleiner Spanwinkel).

② Welche Art von Spänen bildet sich gewöhnlich bei den jeweiligen Spanwinkeln?

	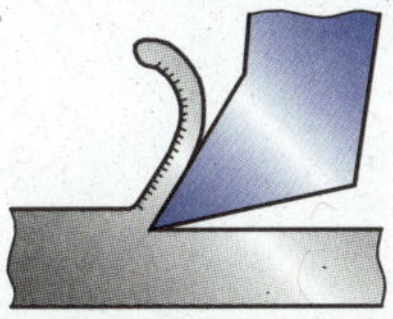	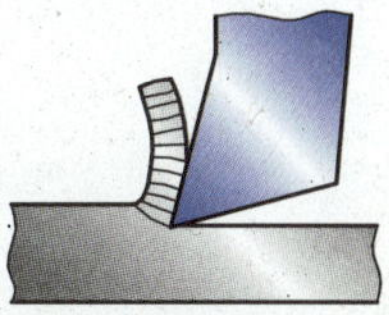
Spanwinkel	Spanwinkel	Spanwinkel
⇓	⇓	⇓

③ Welche Nachteile haben Reißspäne und Fließspäne?

Reißspäne:

Fließspäne:

Erwünscht sind deshalb

④ Welche Einflüsse fördern

eine Fließspanbildung?	eine Reißspanbildung?
a)	a)
b)	b)
c)	c)
d)	d)

G Positiver und negativer Spanwinkel

positiver Spanwinkel

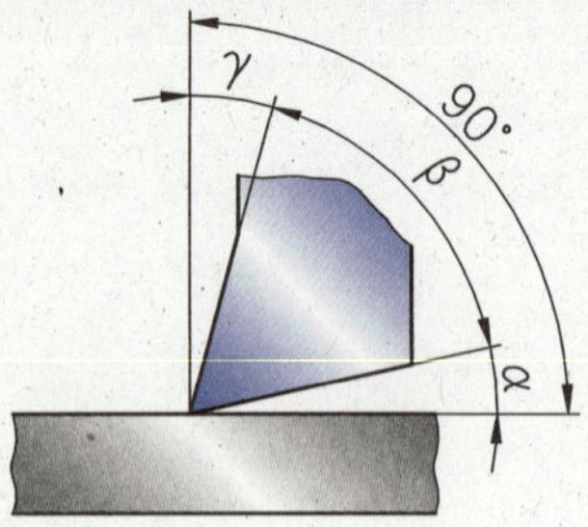

① Welche Winkelverhältnisse liegen hier vor?

________-winkel + ________-winkel < 90°

negativer Spanwinkel

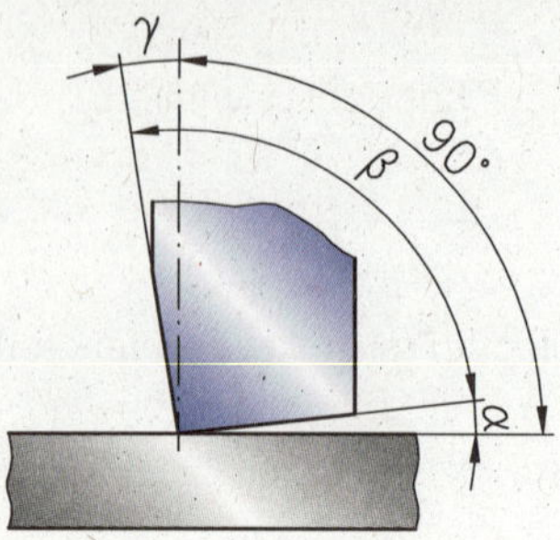

① Welche Winkelverhältnisse liegen hier vor?

________-winkel + ________-winkel > 90°

② In welchen Fällen ist ein negativer Spanwinkel vorteilhaft?

____

____

____

H Standzeit

① Was versteht man unter der Standzeit einer Werkzeugschneide?

Die Standzeit ist die Zeit zwischen ______________________________

Die Standzeit einer Werkzeugschneide ist überschritten, wenn die geforderte ______________ **am Werkstück** nicht mehr eingehalten werden kann.

② Welche Umstände beeinflussen die Standzeit?

a) ______________________________

b) ______________________________

c) ______________________________

d) ______________________________

e) ______________________________

③ Welche Folgen hat eine abgenutzte Werkzeugschneide

für das Werkstück?

____

____

für die Werkzeugmaschine?

____

____

wirtschaftliche Folge:

____

Name:	Klasse:	Datum:

3.3.1 Meißeln

A Meißelarten

Wie heißen die folgenden Meißel und zu welchen Arbeiten werden sie verwendet?

	Bezeichnung	Verwendung

B Keilwinkel

① Welche Keilwinkel sollen Meißel haben, wenn die folgenden Werkstoffe bearbeitet werden?

Stahl	______ – ______
Aluminium	______ – ______

② Welche allgemeine Regel für den Keilwinkel können Sie daraus ableiten?

Je ____________ der **Werkstoff,** umso ____________ der **Keilwinkel.**

C Arbeitsregeln

a) Während des Meißelns muss der ____________ auf die ____________ gerichtet sein.

b) Späne am Werkstück-____________ müssen von ____________ her abgenommen werden.

D Unfallgefahren

Mit welchen Maßnahmen kann man sich gegen die folgenden Unfallgefahren beim Meißeln schützen?

vom Werkstück abspringende Späne

↓

Schutzmaßnahme:

____

vom Meißelbart abspringende Splitter

↓

Schutzmaßnahme:

____

3.3.2 Feilen

A Feilenarten

Welche Feilen unterscheidet man nach der Hiebart? Bei welchen Werkstoffen werden die einzelnen Hiebarten verwendet?

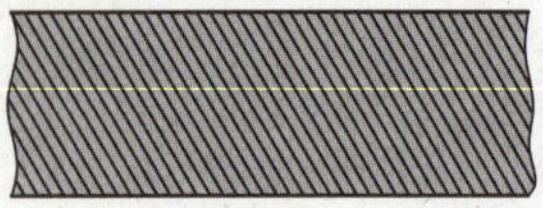

_______________ Feilen

Verwendung:

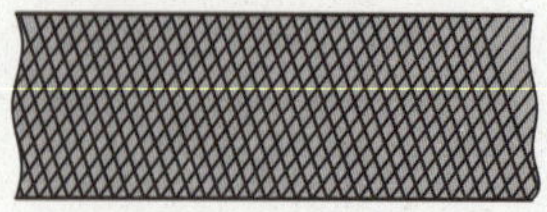

_______________ Feilen

Verwendung:

_______________ Feilen

Verwendung:

B Hiebteilung

① Wovon hängt der grobe oder feine Hieb (Hiebteilung) einer Feile ab?

_______________ → **Hiebteilung** ← _______________

② Welche Gesetzmäßigkeiten gelten dabei?

a) Je **größer** die **Hiebnummer**, desto _______________

b) Bei **gleicher (!) Hiebnummer** hat die **längere** Feile eine _______________ Hiebteilung als die kürzere Feile.

③ Welche Regel gilt für den Einsatz von Feilen mit grober und feiner Hiebteilung?

Weiche Werkstoffe: _______________

Begründung: _______________

Harte Werkstoffe: _______________

Begründung: _______________

C Herstellung von Feilen

Mit welchen Verfahren werden die Zähne der abgebildeten Feilen hergestellt?

____

Schneidenwinkel-Merkmal:

Verwendung:

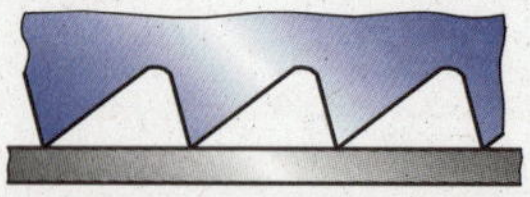

____

Schneidenwinkel-Merkmal:

Verwendung:

Name:	Klasse:	Datum:

3.3.3 Sägen

A Zahnteilung

① Wie bezeichnet man den Abstand von Zahnspitze zu Zahnspitze?

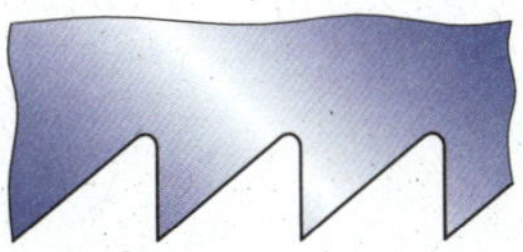

____

② Wie wird die Zahnteilung bei Sägeblättern in der Regel angegeben?

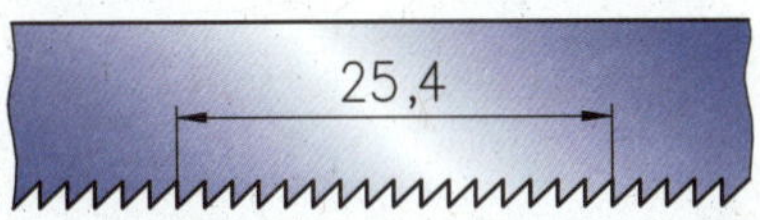

Man gibt die ______________________

auf ________________ mm (≙ 1 Inch oder Zoll) Sägeblattlänge an.

③ Welche drei Zahnteilungen unterscheidet man normalerweise bei Sägeblättern?

________________ (Anzahl der Zähne: ______ je 25,4 mm)

________________ (Anzahl der Zähne: ______ je 25,4 mm)

________________ (Anzahl der Zähne: ______ je 25,4 mm)

B Wahl der Zahnteilung

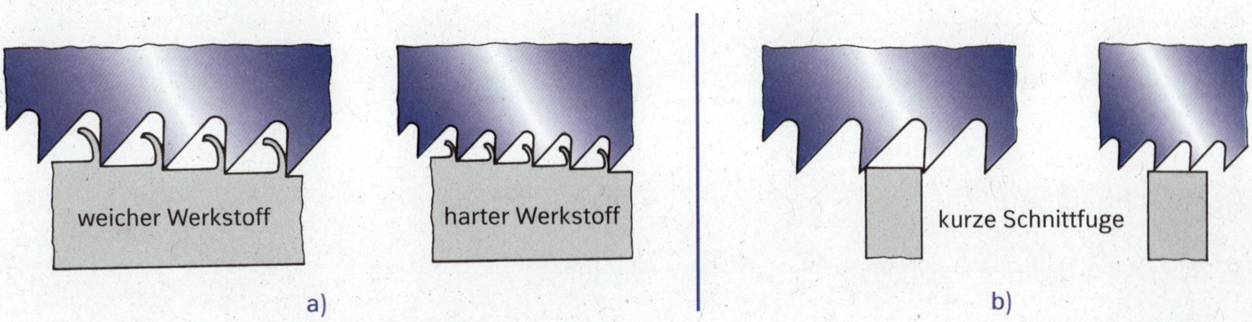

Welche Regeln gelten also für die Wahl der Zahnteilung?

a) Je ________________ der Werkstoff, umso ________________ die Zahnteilung.

b) Je ________________ die Schnittfuge, umso ________________ die Zahnteilung.

C Freischneiden des Sägeblatts

Mit welchen Verfahren erreicht man, dass das Sägeblatt nicht klemmt?

1. ______________________________
2. ______________________________
3. ______________________________
4. ______________________________

3.3.4 Gewindeschneiden

Arbeitsversuch Gewindeschneiden

☞ (Dieser Versuch darf nicht mit Gewalt durchgeführt werden!)

Auf einen Bolzen aus Baustahl soll ein Gewinde M12 geschnitten werden. M12 bedeutet: Der äußere Durchmesser des Gewindes (≙ Außendurchmesser) beträgt 12 mm. Wir nehmen deshalb einen 12-mm-Bolzen, um mithilfe eines Schneideisens M12 und eines Schneideisenhalters das Gewinde zu schneiden.

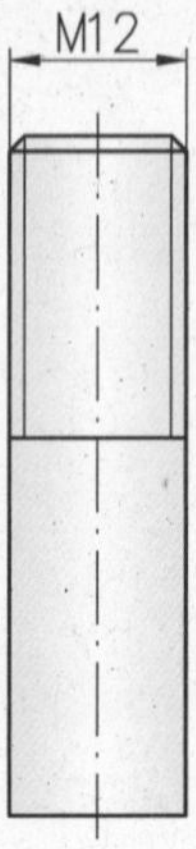

Schneideisen

Schneideisenhalter

Welches Ergebnis hat der Arbeitsversuch? Was folgt daraus für die Praxis?

____

____

____

A Aufschneiden

① Was versteht man unter dem „Aufschneiden“ des Werkstoffs?

Beim Gewindeschneiden werden die Werkstoffteilchen in Richtung der Gewindespitzen gedrückt. Dadurch wird bei Außengewinden der Bolzendurchmesser etwas ____________________

bei Innengewinden der Kernlochdurchmesser etwas ____________________

② Wie berücksichtigt man das Aufschneiden des Werkstoffs beim Schneiden von Innen- und Außengewinden?

Innengewinde (Muttergewinde)	**Außengewinde (Bolzengewinde)**
Der Bohrungs-Ø für das Gewinde muss	Der Bolzen-Ø für das Gewinde muss
______________________________	______________________________
______________________________	______________________________
Faustregel: Bohrungs-Ø = Nenn-Ø – Steigung *P*	Faustregel: Bolzen-Ø = Nenn-Ø – 0,1 · Steigung *P*

Name:	Klasse:	Datum:

B Innengewindeschneiden

① Für welche Gewindeschneidarbeiten werden die folgenden Gewindebohrer eingesetzt?

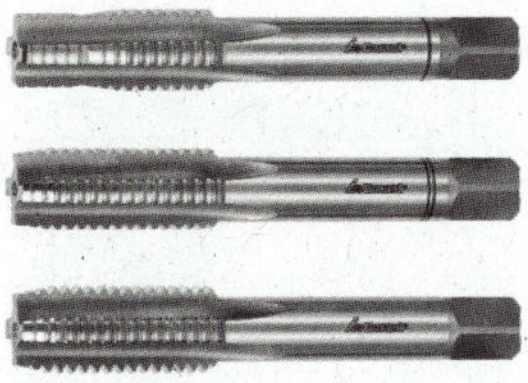

3-teiliger Handgewindebohrersatz

② Wie bezeichnet man die drei einzelnen Gewindebohrer?

③ Welchen Sinn hat die Verwendung eines 3-teiligen Bohrersatzes?

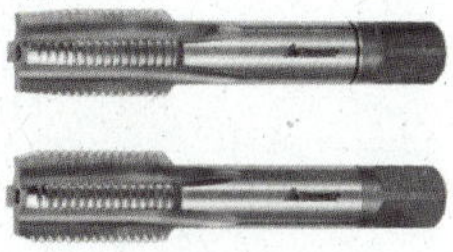

2-teiliger Handgewindebohrersatz

② Warum genügt hier ein 2-teiliger Bohrersatz?

Durchgangsloch-Maschinen-Gewindebohrer

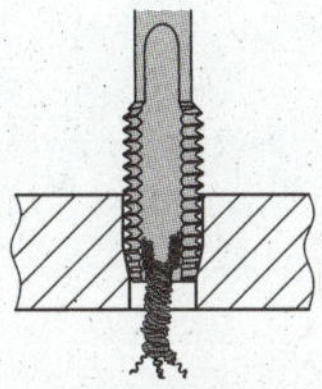

② Besonderheit

Grundloch-Maschinen-Gewindebohrer

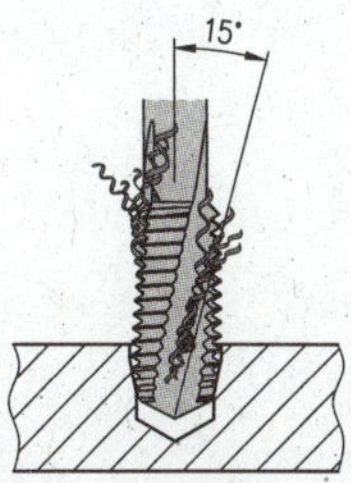

② Besonderheit

④ Ergänzen Sie die Tabelle mit Gewindesteigung, Kerndurchmesser und Kernlochbohrer.

Gewinde (Nennmaß)	Gewindesteigung P in mm	Kerndurchmesser D_1 in mm	verwendeter Kernlochbohrer in mm
M5			
M6			
M8			
M10			

C Arbeitsregeln

a) Die Bohrung muss vor dem Gewindeschneiden ______________ werden, der Gewindebolzen muss ______________ werden.

b) Die Gewindeschneidwerkzeuge müssen genau ______________ bzw. ______________ stehen.

c) Während des Schneidens muss mit ______________ geschmiert werden (Ausnahme: Gusseisen!).

d) Man soll den Gewindebohrer von Zeit zu Zeit etwas ______________.

Rund- und Plandrehen

Welche genauen Bezeichnungen tragen die dargestellten Drehverfahren?

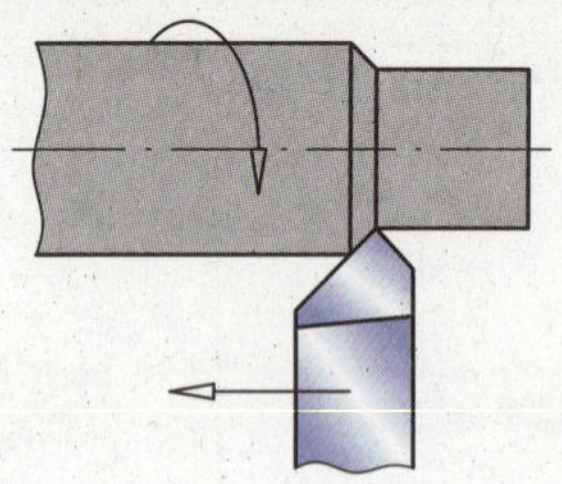

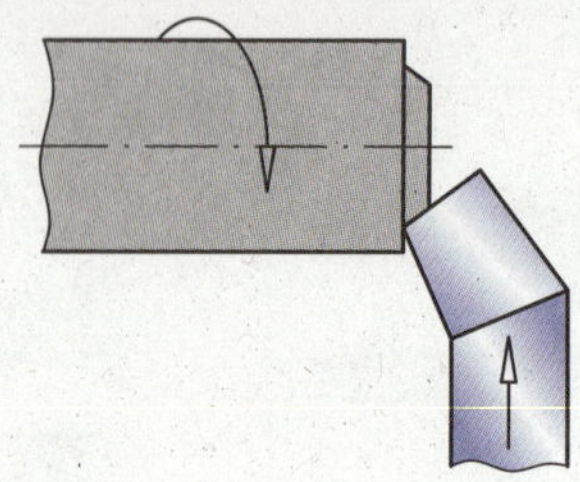

3.4.1 Flächen und Winkel an Drehmeißeln

A Flächen an der Drehmeißelschneide

① Zeichnen Sie farbig die Hauptschneide nach.

② Wie bezeichnet man die bezifferten Flächen und Kanten an der Drehmeißelschneide?

1 __________

2 __________

3 __________

4 __________

5 __________

6 __________

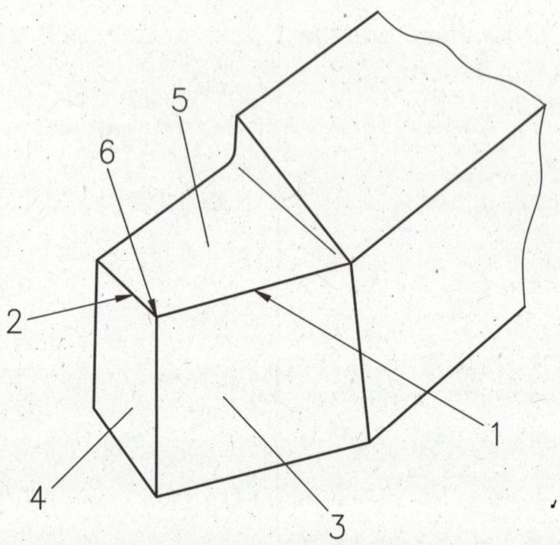

③ Warum ist die Schneidenecke gerundet?

a) __________

b) __________

B Winkel an der Drehmeißelschneide

① Wie bezeichnet man die eingetragenen Winkel?

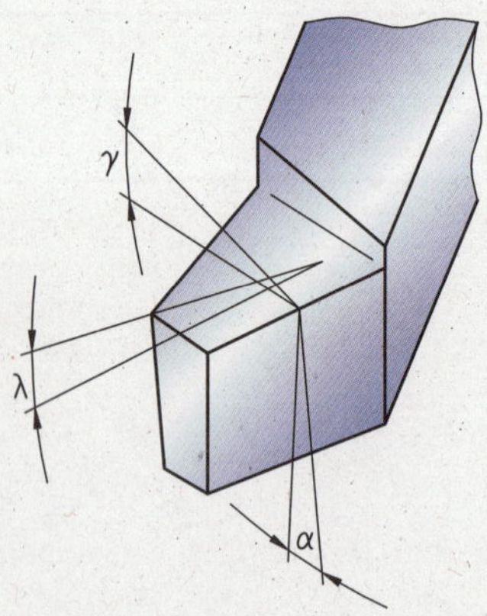

α __________

β __________

γ __________

λ __________

$\alpha + \beta$ __________

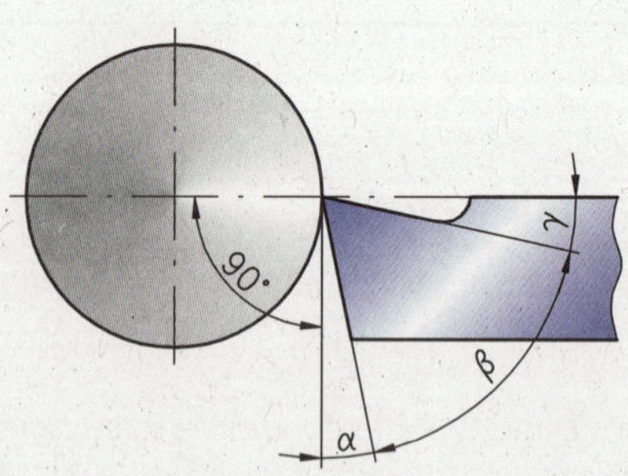

Name: Klasse: Datum:

② Wie verändern sich die Winkel an der Drehmeißelschneide, wenn der Drehmeißel über oder unter Mitte eingespannt wird?

Drehmeißel über Mitte

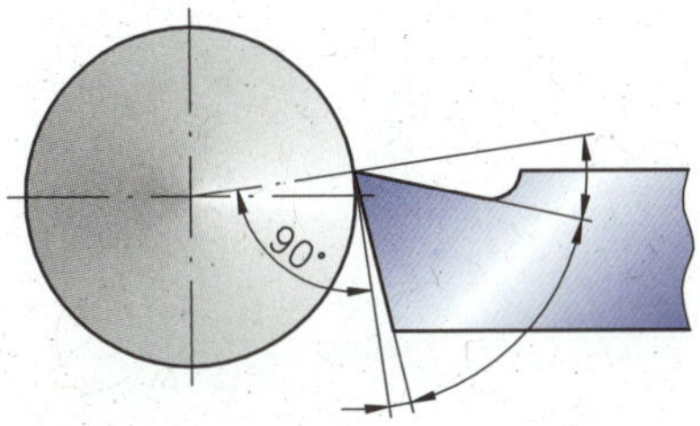

Der **Frei**winkel wird ____________

Der **Span**winkel wird ____________

Drehmeißel unter Mitte

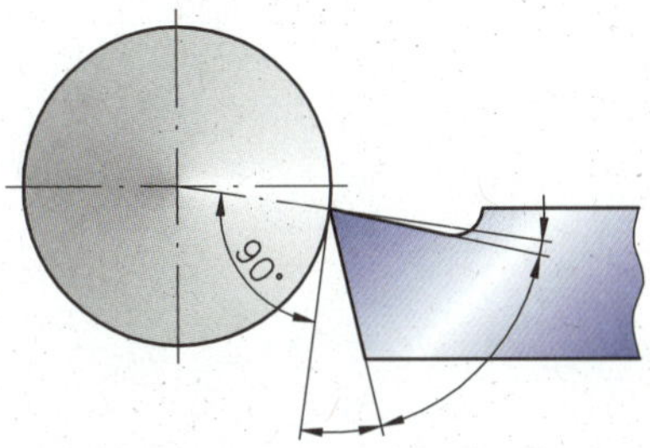

Der **Frei**winkel wird ____________

Der **Span**winkel wird ____________

③ Man unterscheidet positive und negative Neigungswinkel. Welche besonderen Vorteile sind damit jeweils verbunden?

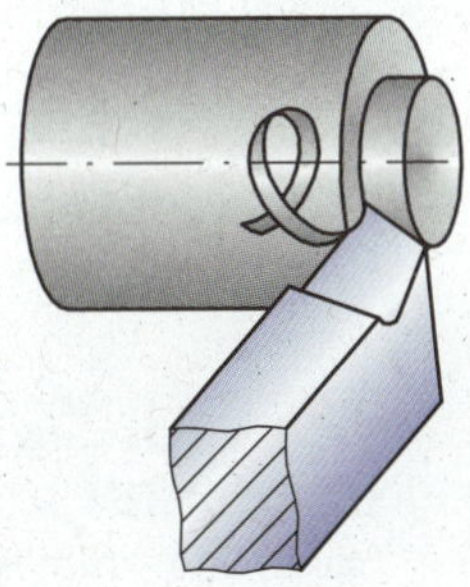

____________ Neigungswinkel

Vorteil: ____________

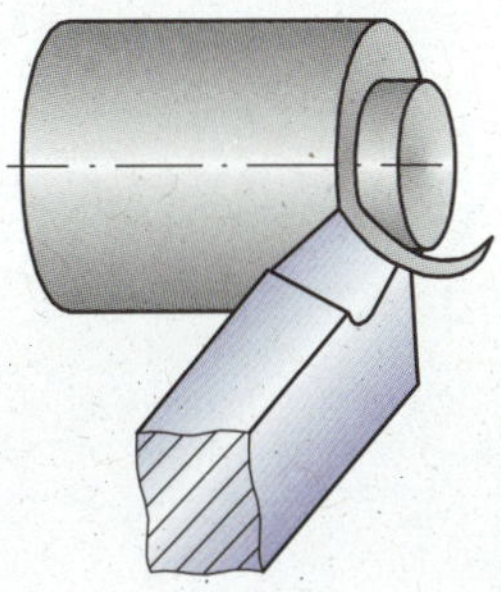

____________ Neigungswinkel

Vorteil: ____________

④ Wie heißen die Winkel κ (kappa) und ϵ (epsilon) an der Drehmeißelschneide?

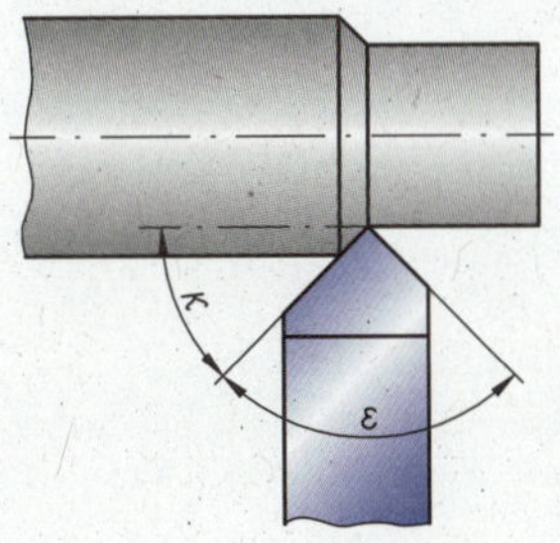

κ = ____________ -winkel

ϵ = ____________ -winkel

Der ____________ -winkel κ ist der Winkel zwischen ____________ und ____________ .

Der ____________ -winkel ϵ ist der Winkel zwischen ____________ und ____________ .

⑤ Warum darf der Eckenwinkel nicht zu klein sein?

⑥ Wie groß wird im Allgemeinen der Einstellwinkel gewählt?

Einstellwinkel κ

...

Wie muss der Drehmeißel eingestellt werden, wenn Wellen mit kleineren Durchmessern längsrundgedreht werden?

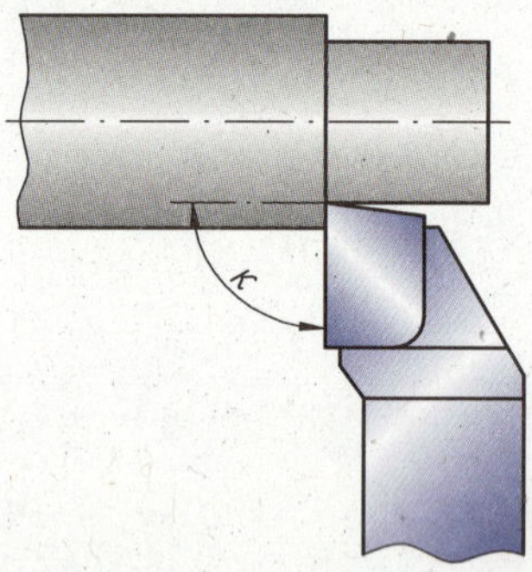

C Spanungsquerschnitt

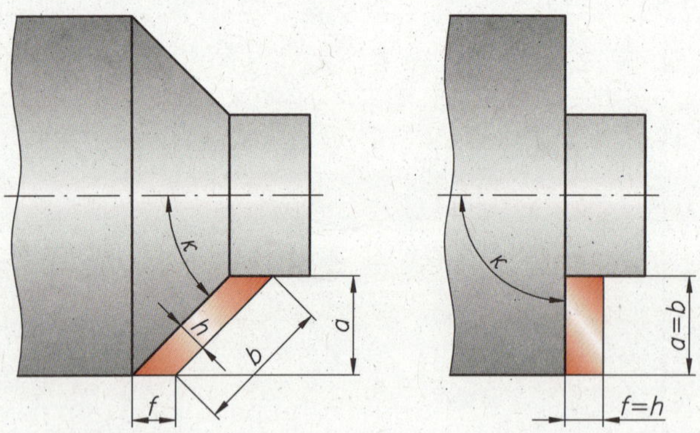

① Form und Größe des Spanungsquerschnitts hängen ab von der **Schnitttiefe** *a* (= Zustellung), dem **Vorschub** *f* (= seitliche Bewegung des Drehmeißels pro Umdrehung) und dem **Einstellwinkel** κ.
Welche Maße am Spanungsquerschnitt werden von diesen Größen jeweils bestimmt?

a hängt ab von

b hängt ab von

f hängt ab von

h hängt ab von

② Welche Auswirkung haben Größe und Form des Spanungsquerschnitts auf die Dreharbeit?

Spanungsquerschnitt beeinflusst

③ Für eine gute Oberfläche ist das Verhältnis von ***b* : *h*** oder ***a* : *f*** wichtig. In welchem Verhältnis sind die Einstellwerte am günstigsten?

Name:	Klasse:	Datum:

3.4.2 Drehmeißel

A Arten der Drehmeißel

Nach der Lage ihrer Hauptschneide unterscheidet man rechte, linke und neutrale Drehmeißel. Für die normgerechte Benennung blickt der Betrachter auf die Spanfläche des Drehmeißels, der Schaft muss von ihm weggerichtet sein.

① Markieren Sie die Hauptschneide der abgebildeten Drehmeißel.

② Wie werden die Drehmeißel normgerecht bezeichnet?

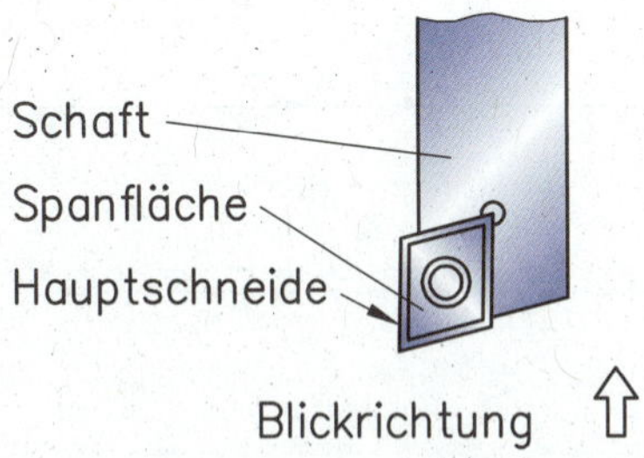

_______________ Drehmeißel

_______________ Drehmeißel

_______________ Drehmeißel

B Formen der Drehmeißel

① Um nicht zeitaufwendig nachschleifen zu müssen, verwendet man heute bei Drehmeißeln meistens **Wendeschneidplatten**, die auf dem Halter (Meißelschaft) mit einer Klemmvorrichtung festgehalten werden.

Die folgenden Drehmeißel mit Wendeschneidplatten werden zum Außendrehen verwendet.

Notieren Sie

- im jeweiligen **Meißelschaft** die Benennung: R ≙ rechter Drehmeißel, L ≙ linker Drehmeißel, N ≙ neutraler Drehmeißel.
- in der Tabelle S.28 Dreharbeiten, die damit ausgeführt werden können: *Längsdrehen, Plandrehen, Formdrehen, Nuten drehen, Gewinde drehen, Fasen drehen, Ecken drehen u. a.*

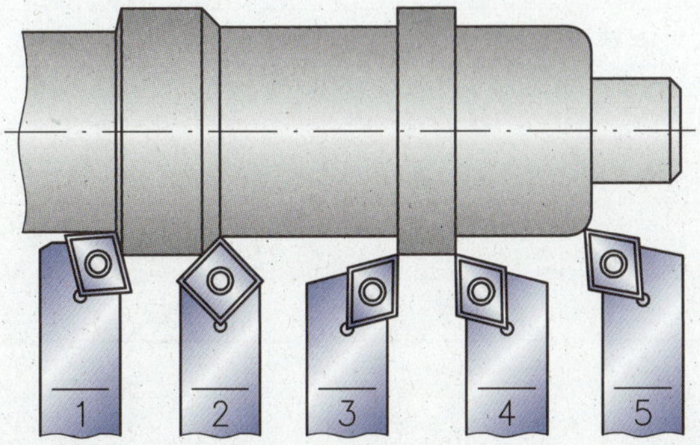

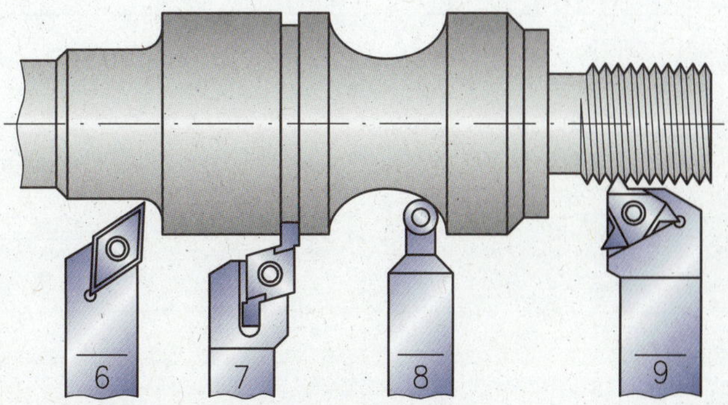

	Dreharbeiten
1	
2	
3	
4	
5	
6	
7	
8	
9	

② Die folgenden Drehmeißel werden zum Ausdrehen von Bohrungen (Innendrehen) verwendet.
Wie werden sie bezeichnet und welche Dreharbeiten werden damit ausgeführt?

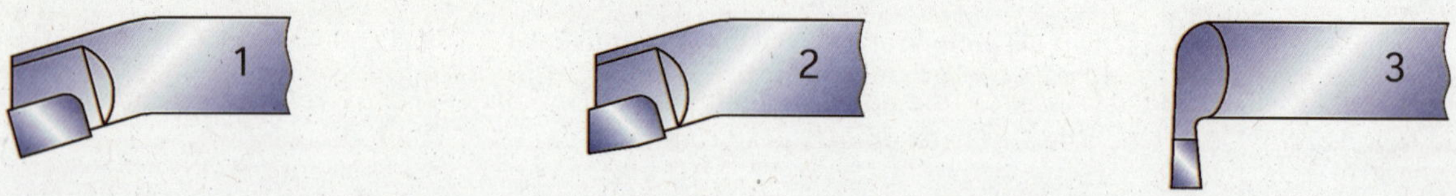

	Dreharbeiten
1	
2	
3	

Name:	Klasse:	Datum:

C Schneidstoffe von Drehmeißeln

Welche Werkstoffe werden als Schneidstoffe beim Drehen verwendet?

Werkstoff	Zusammensetzung	Schnittgeschw. bei Stählen bis
		m/min
		m/min
		m/min
		m/min
		m/min

zunehm. Warmfestigkeit

3.4.3 Spannmittel für Werkzeuge und Werkstücke

A Spannvorrichtung für Drehmeißel

Welche Regeln gelten beim Einspannen des Drehmeißels?

a) Der Drehmeißel soll möglichst ______ und ______ eingespannt werden.

b) Der Drehmeißel wird gewöhnlich auf ______ des Werkstücks eingestellt.

Ausnahme: Bei **Schrupp**arbeiten kann der Drehmeißel auch etwas über Mitte (ca. 2 % des Werkstückdurchmessers) eingestellt werden.

Spannvorrichtung mit montiertem Werkzeughalter und Werkzeug

B Spannfutter

① Welche Werkstücke können in Dreibackenfutter, welche in Vierbackenfutter eingespannt werden?

Dreibackenfutter

______ Werkstücke

______ Werkstücke

______ Werkstücke

______ Werkstücke

Vierbackenfutter

______ Werkstücke

______ Werkstücke

______ Werkstücke

______ Werkstücke

Drehfutter mit Spiralring

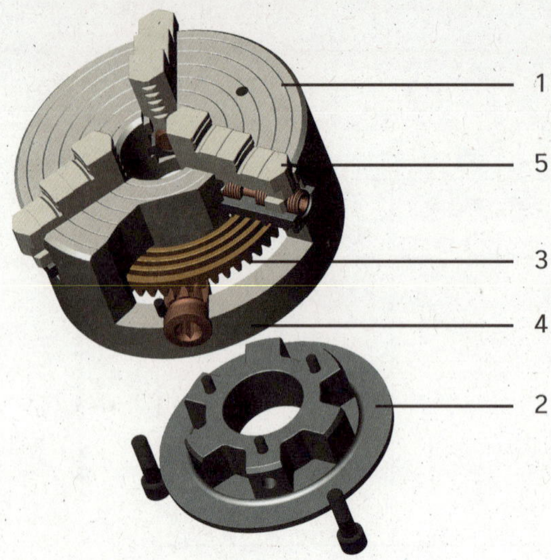

② Beschreiben Sie die Wirkungsweise des Drehfutters mit Spiralring.

Keilstangenfutter

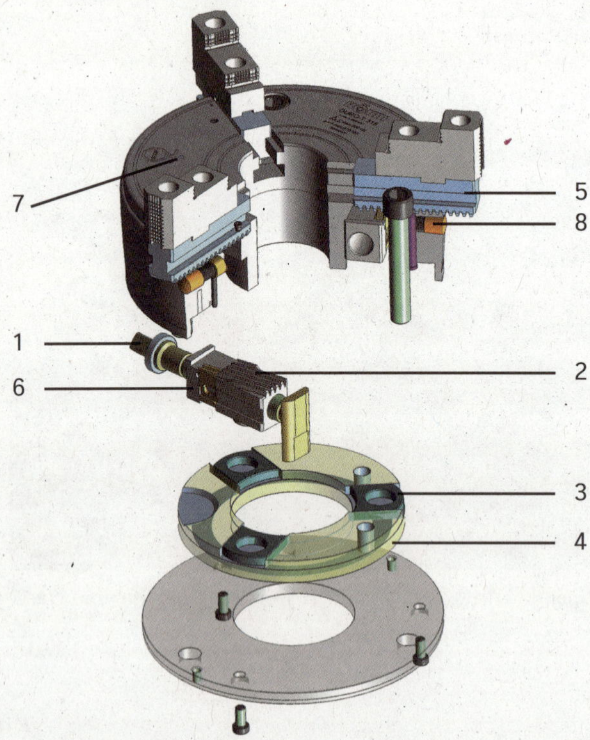

③ Durch die Gewindespindel (1) wird die Kraft auf die Keilstange (2) übertragen. Die Keilstange bewegt über einen Gleitstein (3) den Treibring (4), welcher die Kraft auf die anderen Keilstangen leitet. Die Keilstangen verschieben mit ihrem schräg verlaufenden Profil die Grundbacken (5).

Welche Vorteile hat das Keilstangenfutter?

Was ist beim Keilstangenfutter besonders zu beachten?

C Planscheibe

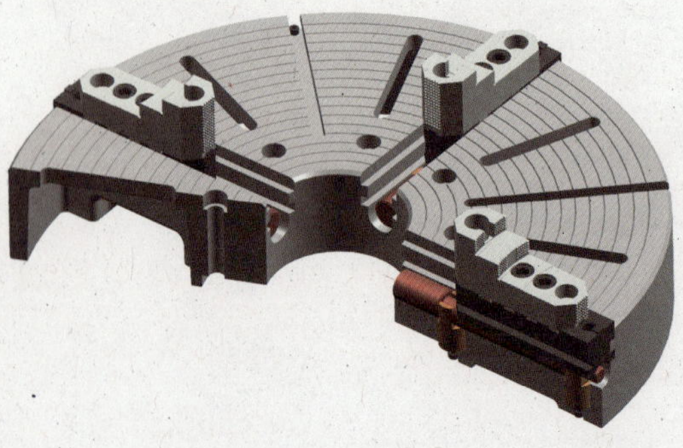

① Wie ist eine Planscheibe aufgebaut?

② Für welche Werkstücke werden Planscheiben verwendet?

③ Wodurch kann man einen unruhigen Lauf aufgrund ungleichmäßiger Gewichtsverteilung verhindern?

Name: | Klasse: | Datum:

D Spannen zwischen Spitzen

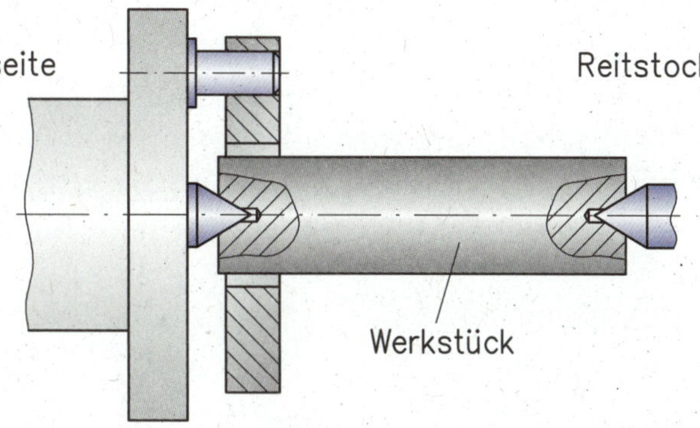

① Welche Spannwerkzeuge kommen bei der oben abgebildeten Spannung zum Einsatz?

Antriebsseite

Reitstockseite

② Wie werden die abgebildeten Spannwerkzeuge genannt?

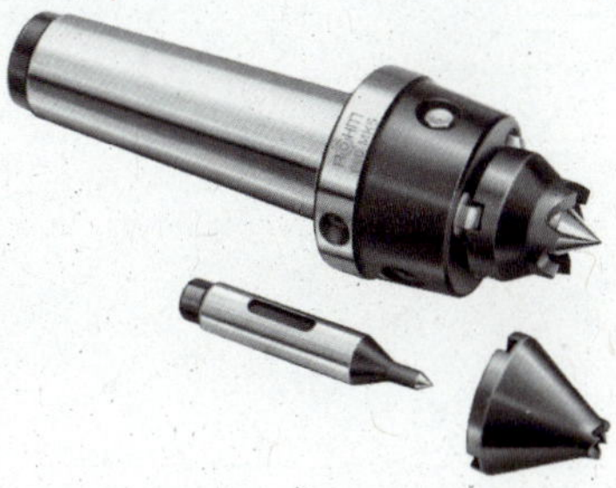

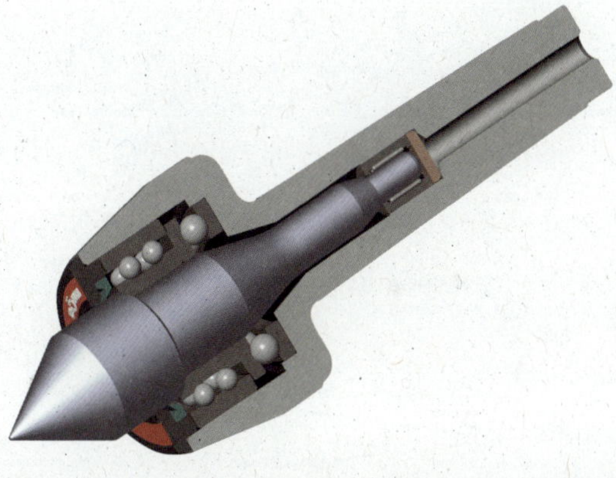

③ Wie erfolgt die Mitnahme des Werkstücks beim Stirnseitenmitnehmer?

Welche Vorteile hat der Stirnseitenmitnehmer?

Vorteile Stirnseitenmitnehmer

④ Begründen Sie, warum im Reitstock eine mitlaufende Zentrierspitze montiert werden soll.

3.5.1 Bohren

Problemstellung:

Für ein M6-Innengewinde bohren Sie in eine Stahlplatte laut Tabellenbuch ein Gewindekernloch von 5 mm Durchmesser. Nach dem Bohren stellen Sie beim Nachmessen fest, dass die Bohrung einen Durchmesser von 5,3 mm hat und damit für die Herstellung des Gewindes unbrauchbar ist (Die Schraube würde zu locker im Muttergewinde sitzen!).
Wie erklären Sie sich den Arbeitsfehler?

____

____

A Spiralbohrer

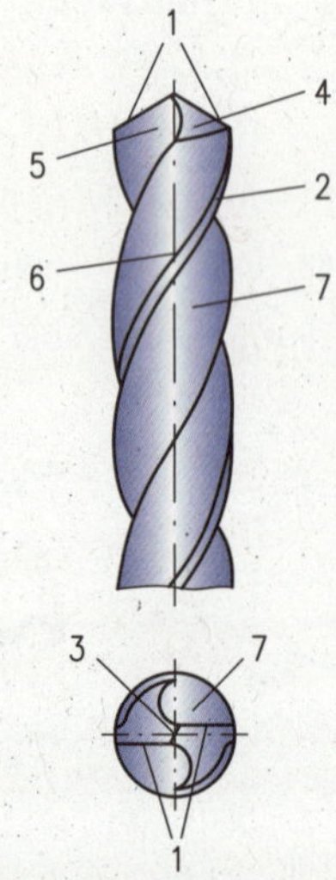

① Zeichnen Sie farbig die Hauptschneiden nach.

② Wie bezeichnet man die bezifferten Flächen und Kanten?

1 ____________________ 5 ____________________

2 ____________________ 6 ____________________

3 ____________________ 7 ____________________

4 ____________________

③ Welche Vorteile hat der Spiralbohrer?

Vorteile

____

____

____

____

B Drall und Bohrerverwendung

① Welcher Zusammenhang besteht zwischen dem Drallwinkel (Seitenspanwinkel), dem Spanwinkel und der Verwendung des Bohrers bei bestimmten Werkstoffen?

kleiner Drallwinkel
ergibt

____

Spanwinkel

↓

Verwendung bei

____________________ Werkstoffen

großer Drallwinkel
ergibt

____

Spanwinkel

↓

Verwendung bei

____________________ Werkstoffen

Name: | Klasse: | Datum:

② Für welche Werkstoffe sind die folgenden Bohrertypen bestimmt?

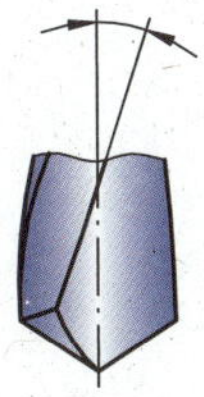

Typ H

Drallwinkel ______ ... ______

für ______ Werkstoffe, z. B.

______

______

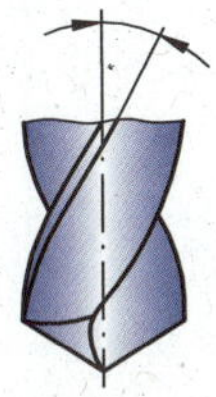

Typ N

Drallwinkel ______ ... ______

für ______ Werkstoffe, z. B.

______

______

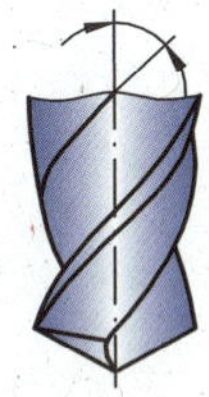

Typ W

Drallwinkel ______ ... ______

für ______ Werkstoffe, z. B.

______

______

C Spitzenwinkel

① Wie groß sind die Spitzenwinkel von Bohrern für die folgenden Werkstoffe?

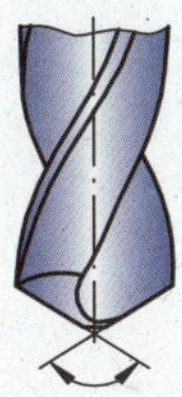

Stahl	
Aluminium	
Messing (Cu-Zn-Legierung)	
Kunststoffe, Pressstoffe	

② Aluminium ist ein sehr guter Wärmeleiter, Kunst- und Pressstoffe sind sehr schlechte Wärmeleiter. Welche Regel für die Größe des Spitzenwinkels lässt sich aus der Tabelle bei ① ableiten?

Regel: ______

Begründung: ______

③ Mit welchem der folgenden Bohrer wird Stahl, Aluminium, Messing, Kunststoff/Pressstoff gebohrt? (Beachten Sie Drall- und Spitzenwinkel.)

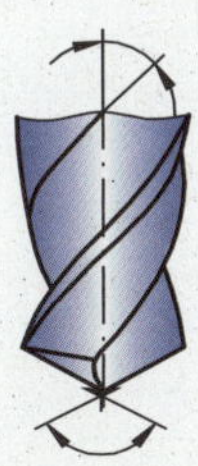

Bohrer für

______

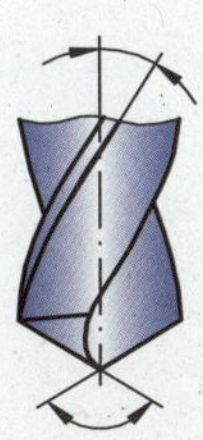

Bohrer für

______

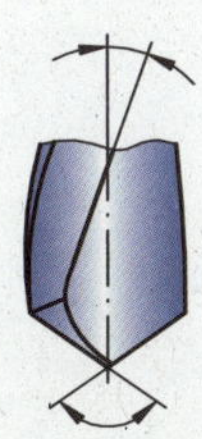

Bohrer für

______

Bohrer für

______

D Querschneide

① Zeichnen Sie farbig die Querschneide und die Hauptschneiden ein.

Spiralbohrer (Draufsicht)

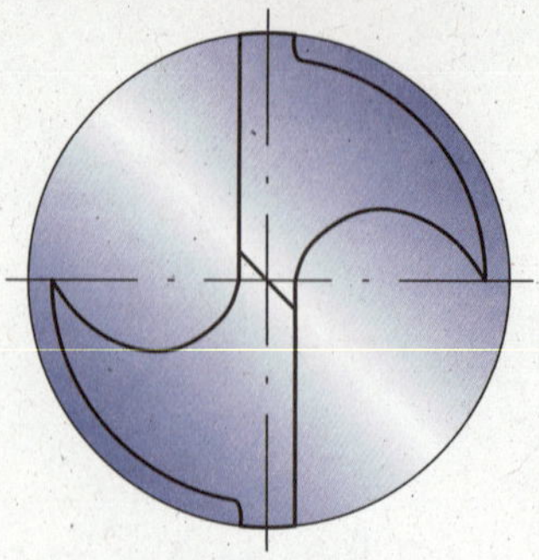

② In welchem Winkel zu den Hauptschneiden soll die Querschneide bei einem **Bohrer für Stahl** stehen?

③ Mithilfe des Querschneidenwinkels kann kontrolliert werden, ob ein Bohrer für Stahl richtig geschliffen bzw. nachgeschliffen ist. Ergänzen Sie folgende Gedankengänge.

a) Welche Voraussetzung muss gegeben sein, damit die Bohrerschneiden ins Werkstück eindringen können?

b) Wie erhalten die Bohrerschneiden einen Freiwinkel?

c) Wie kann kontrolliert werden, dass die Schneiden im richtigen Winkel hinterschliffen sind?

d) Wie kann dieser Winkel geprüft werden?

④ Was versteht man unter dem „Ausspitzen" des Bohrers und welchem Zweck dient es?

E Schleiffehler

Welche Auswirkung bei der Bohrarbeit haben die folgenden Fehler, die beim Nachschleifen gemacht worden sind?

ungleich lange Schneiden

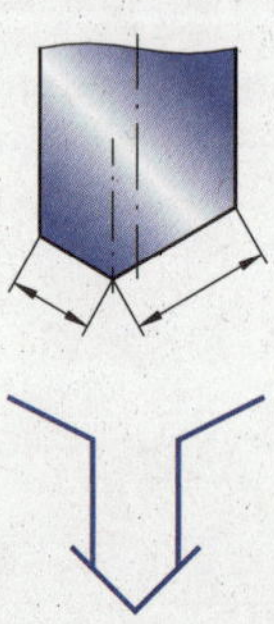

ungleiche Schneidenwinkel

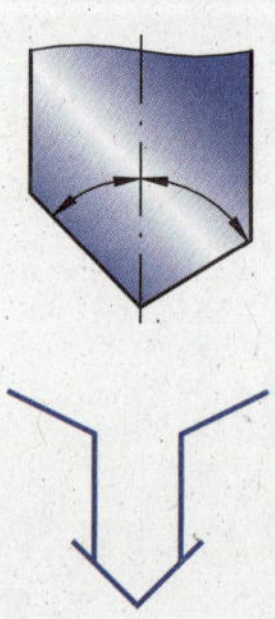

Name:	Klasse:	Datum:

F Bohrerwerkstoff

① Welche Eigenschaften werden von Bohrerwerkstoffen verlangt?

Bohrerwerkstoffe

② Ergänzen Sie die folgende Tabelle.

Bohrerwerkstoff	Besonderheiten
Schnellarbeitsstahl (HS), Hochleistungs-Schnellarbeitsstahl (HSS)	
beschichteter HS-Stahl (Beschichtung TiN ≙ Titannitrid)	
Hartmetall – eingesetzte Schneiden aus Hartmetall – Vollhartmetallbohrer	

G Weitere Bohrwerkzeuge

Wie heißen die folgenden Bohrwerkzeuge und für welche besonderen Zwecke werden sie verwendet?

Bohrwerkzeug	Bezeichnung	Verwendung
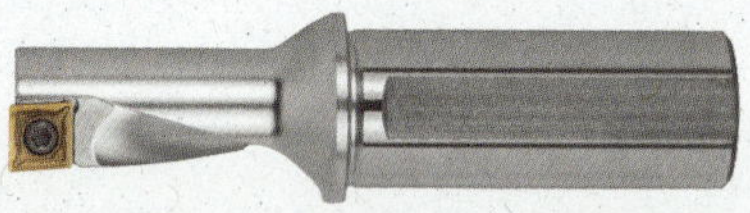		

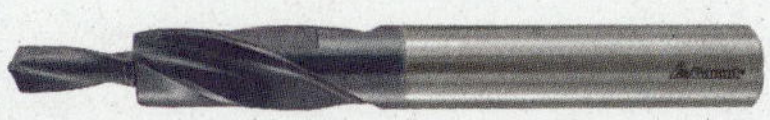		

3.5.2 Senken

A Aufsenken (Aufbohren)

① Was versteht man unter Aufsenken? Welchen Zweck hat es?

② Wie heißen die abgebildeten Werkzeuge zum Aufsenken?

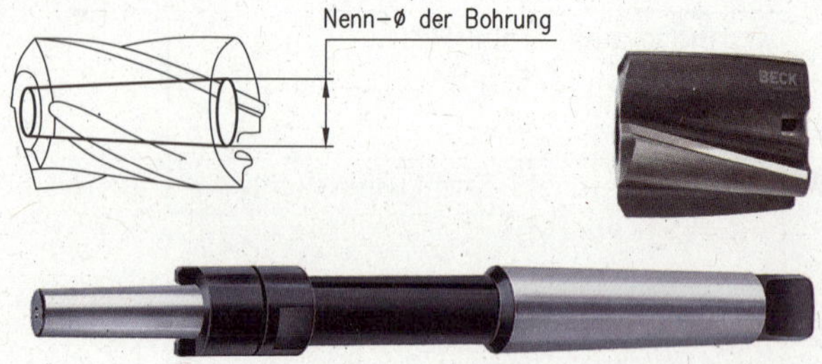

③ Warum haben Aufsenkwerkzeuge mehrere Fasen?

B Profilsenken (Ansenken, Einsenken)

① Wie heißen die abgebildeten Senkwerkzeuge?

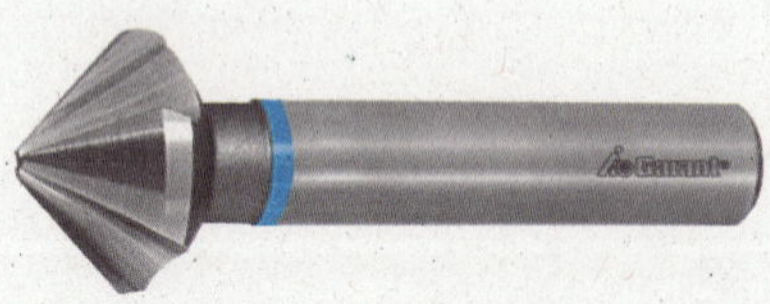

② Wozu werden Kegelsenker mit den folgenden Spitzenwinkeln verwendet?

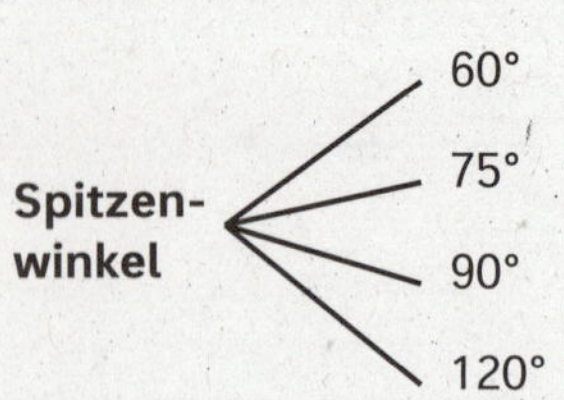

Name:	Klasse:	Datum:

C Plansenken (Flachsenken)

① Wie heißen die abgebildeten Senkwerkzeuge und wie werden sie gespannt?

Spannen am

Spannen am

② Wozu werden Flachsenker verwendet?

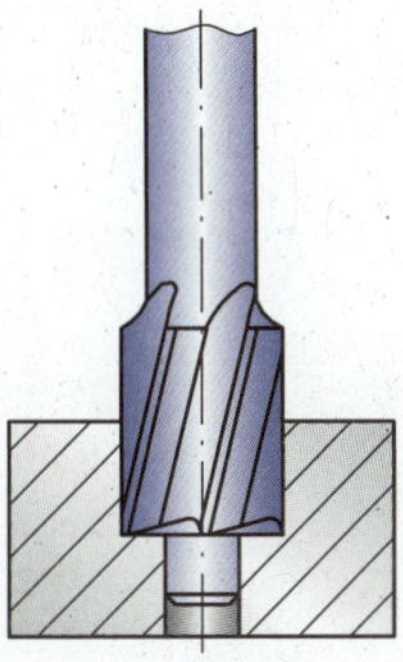

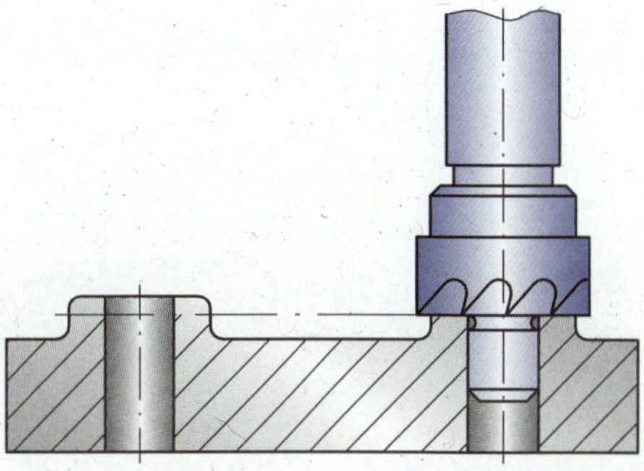

③ Welche Aufgabe hat der Zapfen an Flach- oder Plansenkern?

D Schnittgeschwindigkeit

Mit welcher Schnittgeschwindigkeit bzw. Drehzahl (hoch – niedrig) arbeitet man beim Senken?

Senken

	Schnittgeschwindigkeit bzw. Drehzahl

3.5.3 Reiben

A Zweck

Welchen Zweck hat das Reiben?

Die Bohrung erhält

____

____

B Werkstoffzugabe

Wie groß darf die Werkstoffzugabe beim Reiben höchstens sein?

Werkstoffzugabe

_____ ... _____ mm

abhängig vom Durchmesser

Beispiel: Eine Bohrung, die auf 20H7 aufgerieben werden soll, muss auf _______ mm vorgebohrt werden.

C Reibahlen

An welchen Merkmalen kann man Handreibahlen und Maschinenreibahlen unterscheiden?

Maschinenreibahlen

a) ______________________

b) ______________________

c) ______________________

Handreibahlen

a) ______________________

b) ______________________

c) ______________________

D Zahnteilung von Reibahlen

Warum haben Reibahlen eine ungleiche Zahnteilung?

____

____

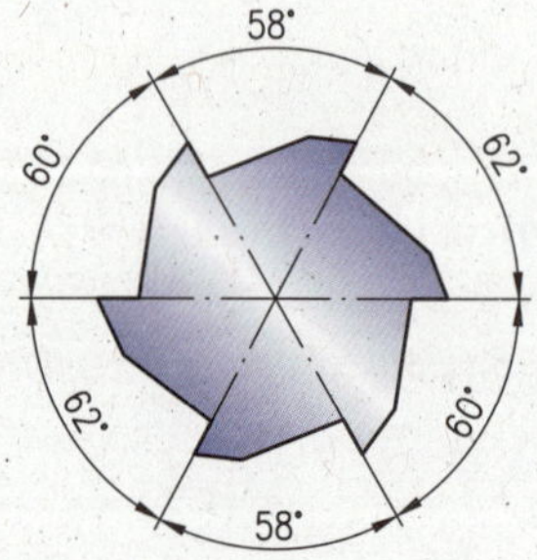

E Arbeitsregeln

a) Drehbewegung: ______________________

b) Schnittgeschwindigkeit/Drehzahl: ______________________

c) Bohrungen mit Nut: ______________________

Name:	Klasse:	Datum:

Rad für Formel 3
(Sandguss)

Gehäuse
(Druckguss)

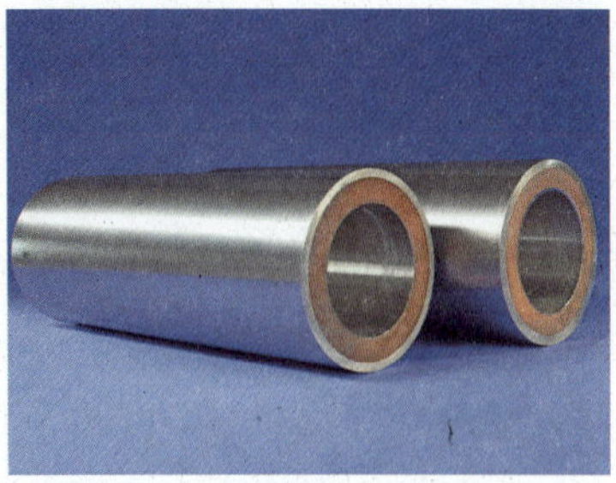

Bi-Metall Verbundguss
(Schleuderguss)

A Form

① Welche Formen werden beim Gießen am häufigsten verwendet?

Formen

______________	______________
Diese Form ist eine sogenannte ______________ Form, da sie nur einmal verwendet werden kann.	Diese Form ist eine sogenannte ______________ Form, da sie immer wieder verwendet werden kann.

B Sandguss

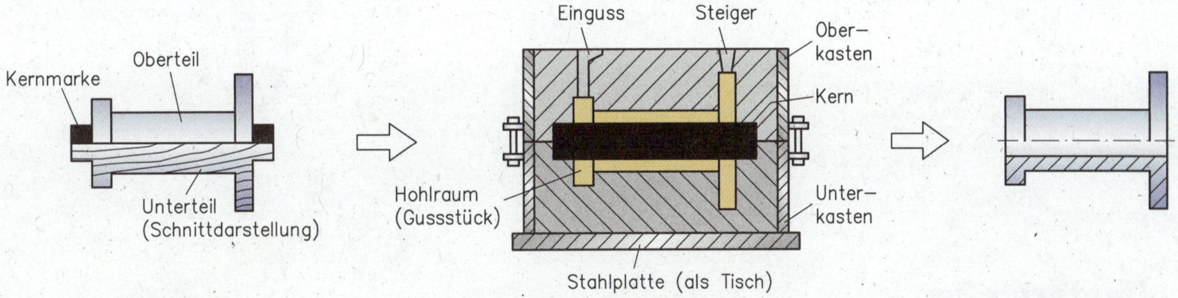

Modell **Sandform** **Werkstück** (Flansch)

① Welchen Zweck hat das Modell beim Sandguss?

____

② Aus welchen Werkstoffen werden Modelle hergestellt?

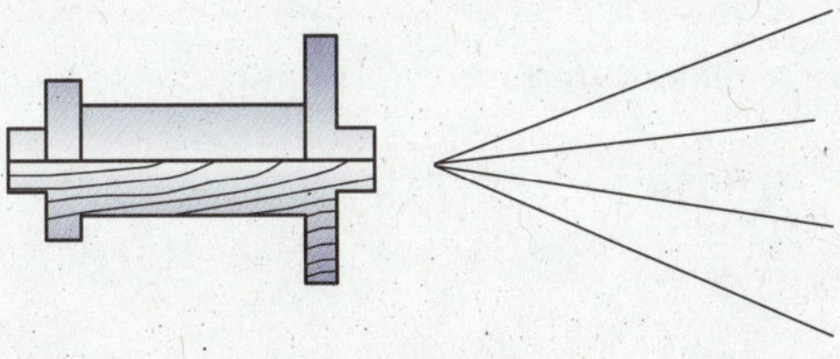

____

____

____

____

③ Warum muss das Modell eines Gussstücks immer etwas größer sein als das fertige Gussstück?

Beim ____________ des gegossenen Stücks ____________ das Material, d. h., es zieht sich zusammen. Das Modell muss deshalb um das ____________ größer sein als das fertige Werkstück. Um ständiges Umrechnen zu vermeiden, arbeitet man im Modellbau mit sogenannten ____________; diese haben eine um das Schwindmaß ____________ mm-Teilung als der normale mm-Stab.

④ Welches Schwindmaß haben die folgenden Werkstoffe?

Grauguss ______ %	Stahlguss ______ %	Aluminium ______ %

C Druckgießen

① Wie geht das Druckgießen prinzipiell vor sich?

Beim Druckgießen wird der ____________ Werkstoff unter ____________ (bis 250 bar) in die ____________ gepresst.

Die Form besteht aus ____________

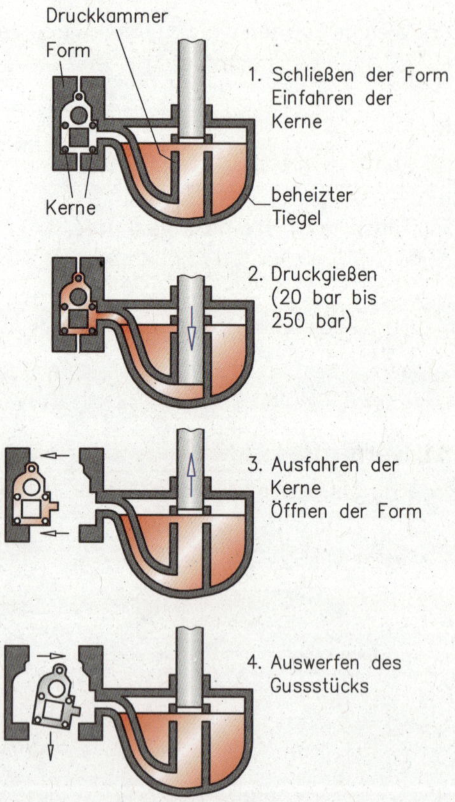

② Welche Werkstoffe werden beim Druckgießen verarbeitet?

____

③ Welche Vorteile hat das Druckgießen?

a) ______________________________

b) ______________________________

c) ______________________________

d) ______________________________

D Schleudergießen

Wie geht das Schleudergießen vor sich?

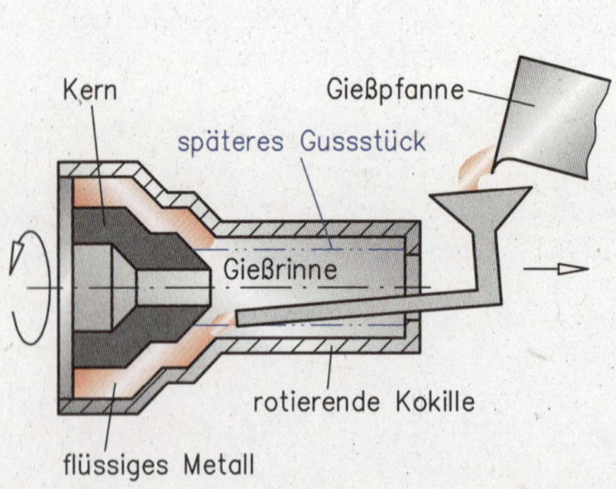

Beim Schleudergießen wird der ____________ Werkstoff in eine ____________ Form gegossen, die sich schnell ____________. Durch die ____________ wird der Werkstoff an die ____________ der Form ____________ und erkaltet dort. Durch dieses Verfahren erhalten die Werkstücke ein sehr ____________ Gefüge.

Name: | Klasse: | Datum:

Problemstellung:

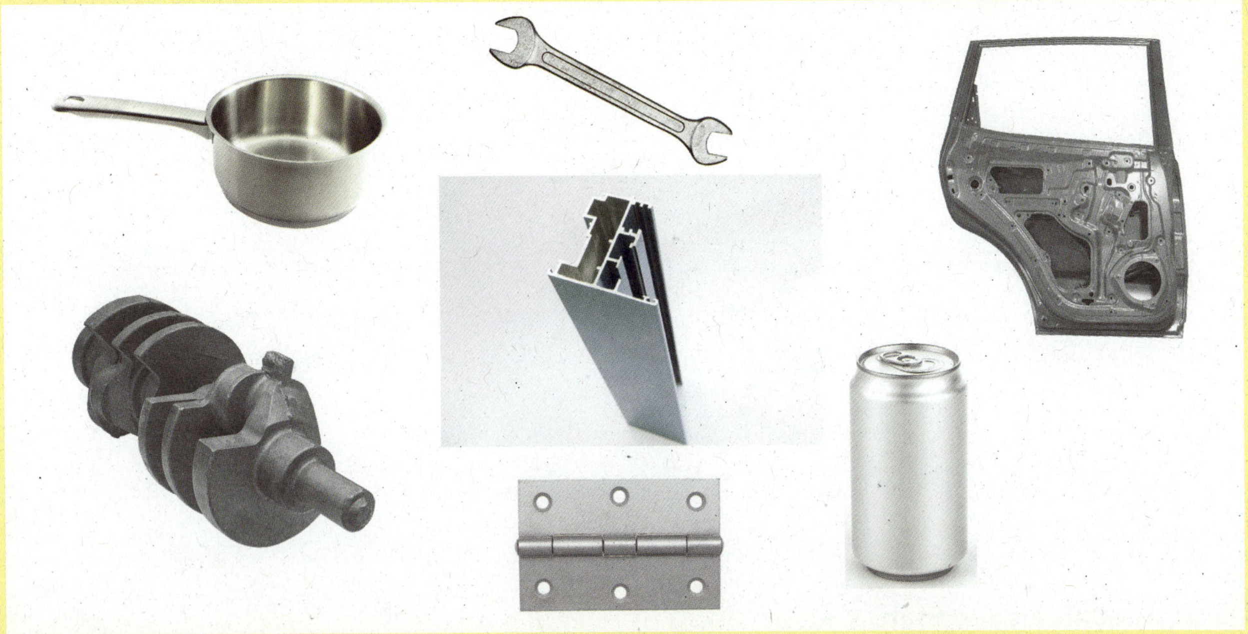

So unterschiedlich die verschiedenen Gegenstände sind, ihren Herstellungsverfahren liegt ein gemeinsames Prinzip zugrunde:

A Überblick

① Welche Verfahren des Umformens unterscheidet man nach der Temperatur beim Umformen?

Verfahren		
Vorteile		
Nachteile		

② Welche Verfahren des Umformens unterscheidet man nach den äußeren Kräften, die auf den Werkstoff einwirken?

Verfahren	**Beispiele**
a)	a)
b)	b)
c)	c)

B Werkstoffeigenschaften

Welche Eigenschaften werden von Werkstoffen verlangt, die umgeformt werden sollen?

a)

b)

3.7.1 Druckumformen: Schmieden

A Schmiedbare Metalle

Nennen Sie die wichtigsten schmiedbaren Metalle.

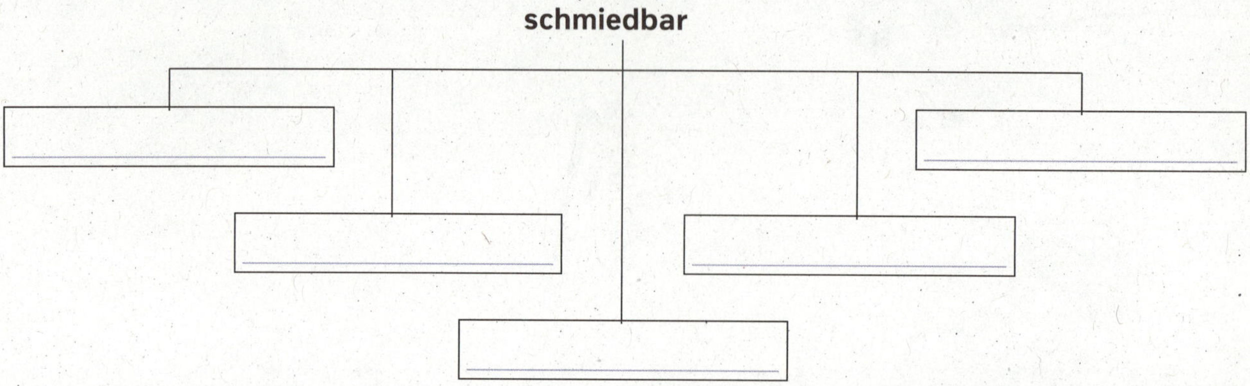

B Schmiedbarkeit von Stahl

① Welchen Einfluss auf die Schmiedbarkeit von Stahl hat die Temperatur des Stahls?

② Welche Auswirkungen haben Kohlenstoff, Schwefel und Phosphor auf die Schmiedbarkeit von Stahl?

Kohlenstoff (C):

Schwefel (S):

Phosphor (P):

C Vorteile des Schmiedens

① Welche der abgebildeten Kurbelwellen wurde spanabhebend hergestellt, welche wurde geschmiedet? (Die dünnen Linien stellen den Faserverlauf dar.)

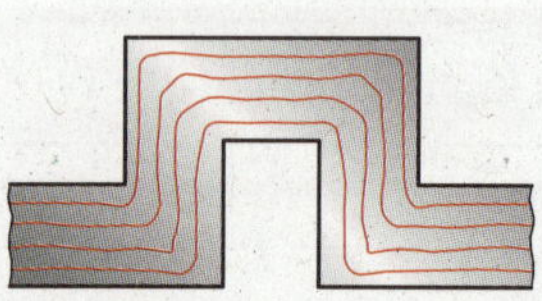

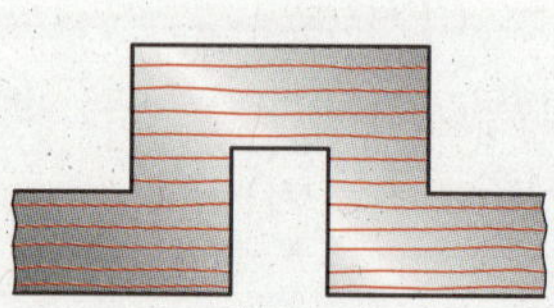

② Welche Vorteile haben geschmiedete Werkstücke gegenüber spanabhebend bearbeiteten Werkstücken?

Name: | Klasse: | Datum:

D Gesenkschmieden (Gesenkformen)

① Was versteht man unter Gesenkschmieden?

Gesenke sind zweiteilige Stahlkörper, in welche die ______ des zu schmiedenden Werkstücks eingearbeitet ist. Der ______ Rohling wird in diese Hohlform ______

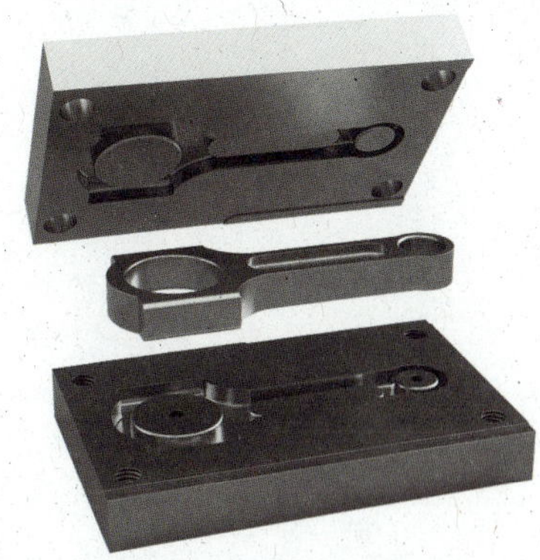

② Nennen Sie Werkstücke, die durch Gesenkschmieden hergestellt werden.

3.7.2 Zugdruckumformen: Tiefziehen

A Tiefziehvorgang

① Benennen Sie die bezifferten Teile mit den Fachausdrücken.

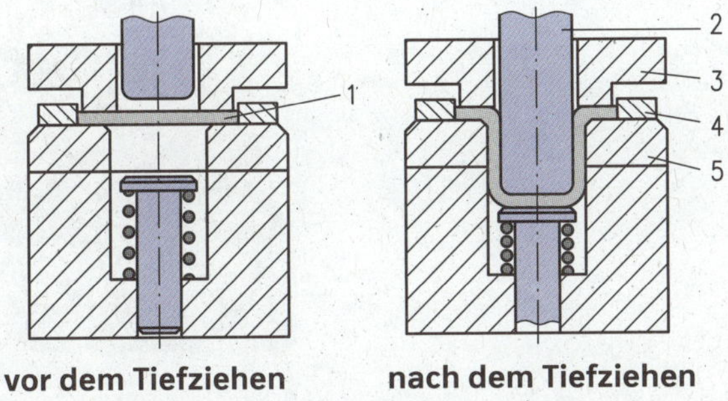

1 ______

2 ______

3 ______

4 ______

5 ______

② Welche spezielle Aufgabe hat der „Niederhalter"?

③ Welche Maschinen werden gewöhnlich zum Tiefziehen verwendet?

B Anwendung

Nennen Sie einige Beispiele für Werkstücke, die im Tiefziehverfahren hergestellt werden.

C Werkstoffe für Tiefziehteile

① Welche Eigenschaft müssen Bleche haben, die tiefgezogen werden?

Tiefziehbleche: ______

② Welche Werkstoffe eignen sich für Tiefziehen?

3.7.3 Biegeumformen: Gesenkbiegen

A Gesenkbiegevorgang

Benennen Sie die bezifferten Teile mit den Fachausdrücken.

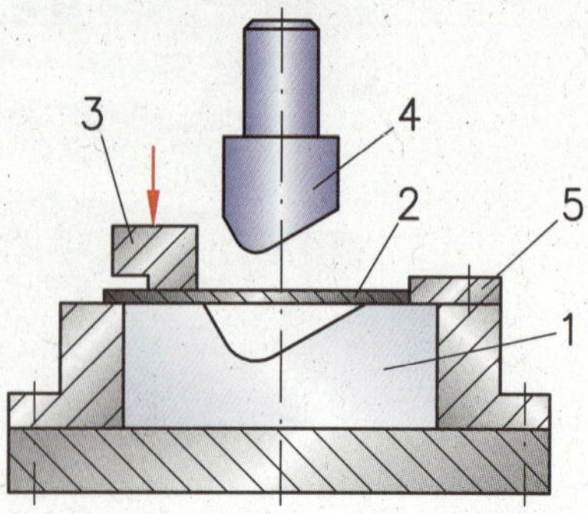

1 ______

2 ______

3 ______

4 ______

5 ______

B Anwendung

Nennen Sie weitere Beispiele für Werkstücke, die durch Biegeumformen bearbeitet werden.

______

______

Beispiel:
Bohrerkassette

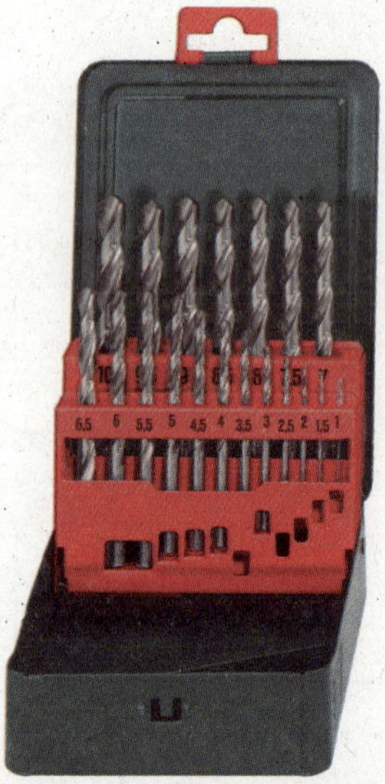

C Biegen von Blechen

① Welche Regeln muss man beim Biegen von Blechen beachten?

a) ______

b) ______

② Wie kann man die Walzrichtung eines Blechs erkennen?

a) ______

b) ______

c) ______

D Vorgänge am Werkstoff

① In welchem Bereich wird beim Biegen
a) der Werkstoff gestreckt?
b) der Werkstoff gestaucht?
c) der Werkstoff weder gestreckt noch gestaucht (≙ neutrale Faser)?

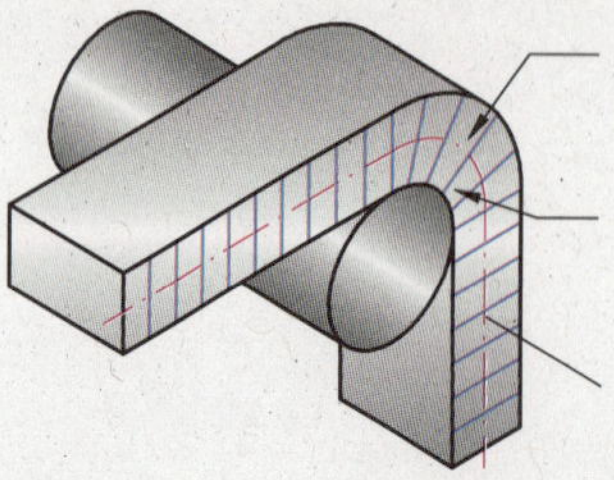

______

______

______

Name:	Klasse:	Datum:

② Durch Strecken und Stauchen des Werkstoffs verändert sich beim Biegeumformen an der Biegestelle der Querschnitt des Werkstücks. Skizzieren Sie neben den beiden folgenden Profilen den Querschnitt, der sich an der Biegestelle ergibt. (Die Werkstücke sollen nach unten gebogen werden.)

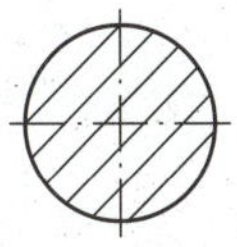

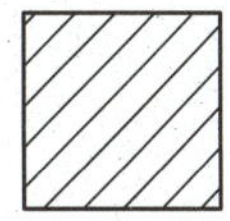

③ Als „gestreckte Länge“ bezeichnet man die Länge des Werkstücks, wenn es noch nicht gebogen ist (Halbzeug). Welcher Bereich entspricht der gestreckten Länge?

gestreckte Länge ≙ ____________________

④ Die Abbildung zeigt den Zusammenhang zwischen dem Biegeradius r_i und der neutralen Faser r_n. Welche Gesetzmäßigkeit lässt sich daraus ableiten?

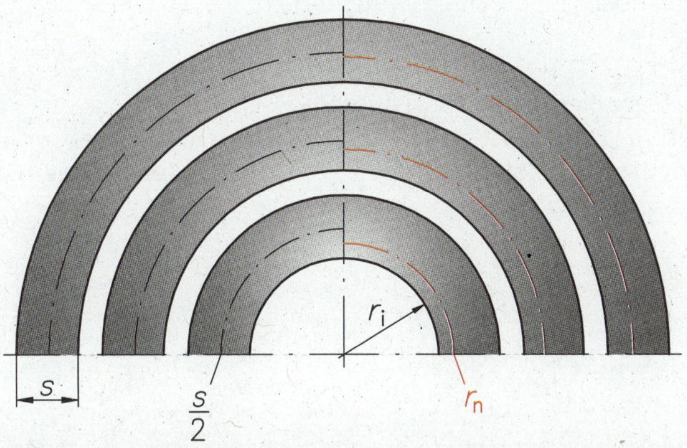

Je kleiner der Biegeradius, umso ____________________

⑤ Zur Berechnung der gestreckten Länge der drei halbkreisförmigen gebogenen Teile muss der Radius r_n der neutralen Faser bekannt sein. Die Formel zur Berechnung dafür lautet:

$$r_n = r_i + \frac{s}{2} \cdot k$$

– Wo läge die neutrale Faser, wenn die Formel nur lautete: $r_n = r_i + \frac{s}{2}$?

____

– Welche Funktion hat der Faktor k in dieser Formel (vgl. Abb. bei ④)?

Der Faktor k berücksichtigt die Lage der ____________ Faser, die vom Biegeradius abhängig ist.

k wird deshalb auch ____________ genannt; er kann dem Tabellenbuch entnommen werden.

E Rückfederung

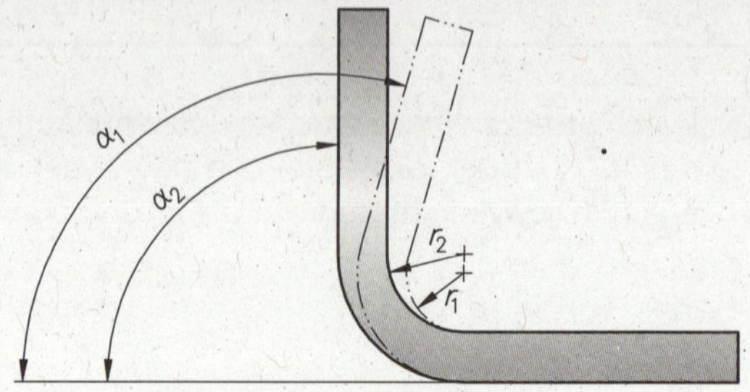

α_1 ≙ Winkel beim Biegen
α_2 ≙ Winkel am Werkstück (nach Rückfederung)
$\alpha_1 - \alpha_2$ ≙ Rückfederungswinkel

① Mit welcher Eigenschaft des Werkstoffs hängt das Rückfedern des Werkstücks beim Biegen zusammen?

Rückfedern: ______________________

Welche praktische Konsequenz ergibt sich daraus beim Biegen?

____

② Wovon wird die Größe des Rückfederungswinkels beeinflusst?

Je ______________ der **Werkstoff**,
Je ______________ der **Biegeradius**, } umso ______________ der Rückfederungswinkel.
Je ______________ die **Blechdicke**,

③ Für die Berechnung des Winkels beim Biegen (α_1) gilt die Formel: $\alpha_1 = \frac{\alpha_2}{k_R}$

Welche Funktion hat k_R in der Formel?

k_R berücksichtigt den ______________ -winkel. k_R wird deshalb auch ______________ genannt; er kann dem Tabellenbuch entnommen werden.

④ Wie verhält sich der Radius beim Biegen des Werkstücks?

r_1 (am Biegewinkel) ______________ **r_2 (am gebogenen Winkel)**

F Grenzen der Verformbarkeit

① Ein gebogenes Werkstück weist im gestreckten Bereich (gedehnte Zone) Risse auf. Welche Ursachen können dafür vorliegen?

a) ______________________
b) ______________________
c) ______________________
d) ______________________
e) ______________________

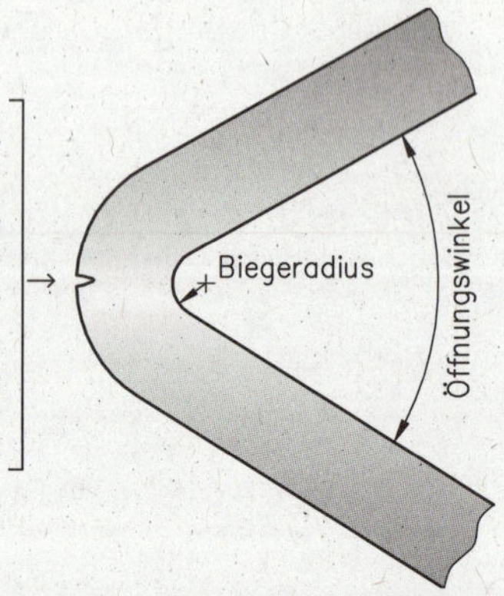

②

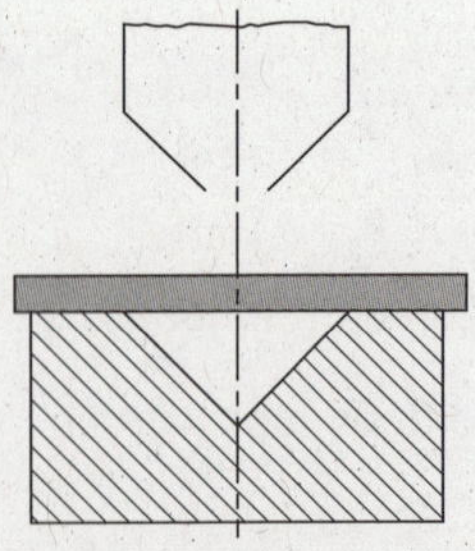

Ergänzen Sie die Spitze des Biegestempels und begründen Sie die von Ihnen gewählte Formgebung.

____

____

Name:	Klasse:	Datum:

A Überblick

Werkstücke müssen oft miteinander verbunden – „gefügt“ – werden. Es gibt viele Möglichkeiten des Fügens: durch *Schrauben, Stifte, Niete, Federn, Keile, Kleben, Löten, Schweißen, Einpressen, Schrumpfen.*

① Beim Fügen unterscheidet man zwei grundsätzliche Arten von Verbindungen: lösbare und unlösbare. Ordnen Sie die oben genannten Verbindungsmöglichkeiten ein.

lösbare Verbindungen	unlösbare Verbindungen
a) ______	a) ______
b) ______	b) ______
c) ______	c) ______
d) ______	d) ______
e) ______	e) ______

Als **lösbare** Verbindungen bezeichnet man solche Verbindungen, die jederzeit ______ und wieder ______ werden können.

Als **unlösbare** Verbindungen bezeichnet man solche Verbindungen, die nur gelöst werden können, wenn das Verbindungselement ______ wird.

② Nach Art des Zusammenhalts – des „Schlusses“ (von „zusammen-schließen“) – unterscheidet man drei grundsätzliche Arten von Verbindungen: kraftschlüssige, formschlüssige, stoffschlüssige Verbindungen.
Ordnen Sie die oben genannten Verbindungsmöglichkeiten ein.

kraftschlüssige Verbindungen	formschlüssige Verbindungen	stoffschlüssige Verbindungen
Prinzip: Verbindung durch ______	**Prinzip:** Verbindung durch ______	**Prinzip:** Verbindung durch ______
a) ______	a) ______	a) ______
b) ______	b) ______	b) ______
c) ______	c) ______	c) ______
d) ______	d) ______	d) ______
e) ______	e) ______	e) ______

③ Manche Verbindungen sind „mehrschlüssig“. Stellen Sie die verschiedenen Schlüsse (k = kraftschlüssig; f = formschlüssig; s = stoffschlüssig) bei den folgenden Verbindungen fest. Notieren Sie an erster Stelle den wichtigsten Schluss.

Niete ______ Schrauben ______

Keile ______ Spannstift ______

B Kraftschluss

① Ziehen Sie die Folgerungen aus den beiden skizzierten Versuchsreihen. (Die Größe der Pfeile stellt die Größe der wirkenden Kräfte dar. Für beide Versuchsreihen gilt trockene Reibung.)

Versuchsreihe 1:

Folgerung:

Die Größe der Reibungskraft F_R hängt ab von ______________________

Versuchsreihe 2:

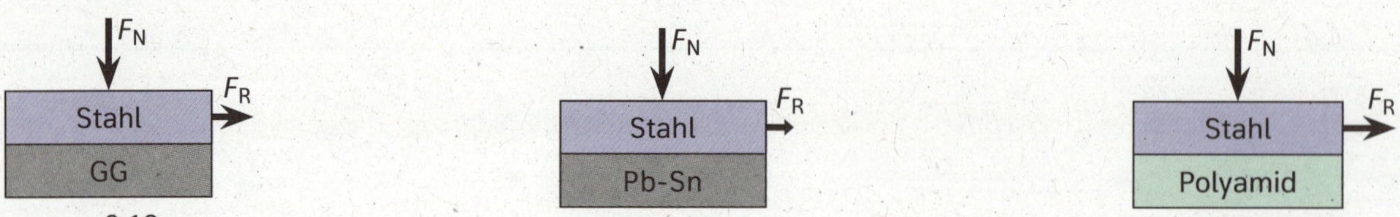

$\mu = 0{,}18$ | $\mu = 0{,}1$ | $\mu = 0{,}3$

Folgerung:

Die Größe der Reibungskraft F_R hängt ab von

______________________ (≙ Reibungszahl μ)

(Beachte: Die Reibungskraft ist unabhängig von der Größe der gleitenden Fläche.)

② Die Reibungskraft F_R, die Anpresskraft (Normalkraft) F_N und die Reibungszahl μ stehen in einem bestimmten Verhältnis zueinander. Dieses Verhältnis lässt sich in einer physikalischen Formel ausdrücken (vgl. Tabellenbuch):

$F_R =$ __________

③ Welche praktische Folgerung ergibt sich daraus für die abgebildete kraftschlüssige Verbindung?

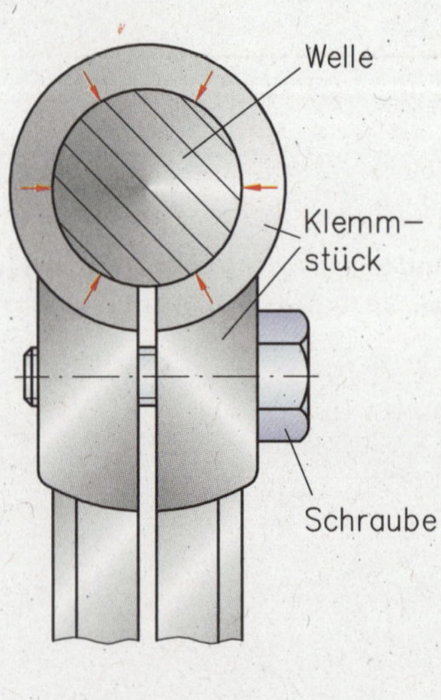

Je größer das **Anzugsmoment** der Schraube, umso ______________ die **Anpresskraft** des Klemmstücks, d. h. umso ______________ der **Kraftschluss**.

Name:	Klasse:	Datum:

C Stoffschluss: Schweißen

① Was geht beim Schweißen an der Fügestelle vor sich?

Die Verbindung zwischen den Werkstücken wird hergestellt, indem

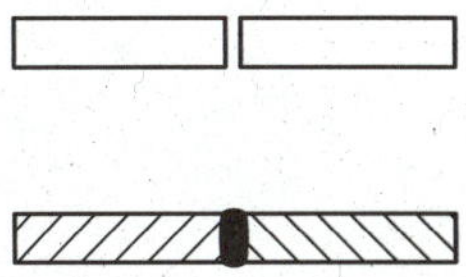

② Welche Regel gilt dabei bezüglich des Werkstoffs?

D Stoffschluss und Kohäsion

① Das Schweißen hat mit der physikalischen Erscheinung der Kohäsion zu tun. Was versteht man unter Kohäsion?

Kohäsion ≙

② Welche körperlichen Zustände (Aggregatzustände) ergeben sich bei den folgenden Kohäsionsbedingungen?

a) **sehr große** Kohäsion →

b) **geringe** Kohäsion →

c) **keine** Kohäsion →

③ Welcher Einfluss verringert die Kohäsion eines Körpers?

④ Inwiefern beruht das stoffschlüssige Fügeverfahren des Schweißens auf der Kohäsion?

a) Erwärmen der Werkstücke →

b) Erkalten der Werkstücke →

E Stoffschluss: Kleben

① Was geht beim Kleben an der Fügestelle vor sich?

② Welche Arbeitsregeln muss man beachten, wenn man eine gute Klebeverbindung erhalten will?

a) ______

b) ______

c) ______

d) ______

e) ______

③ Welche Vor- und Nachteile hat das Kleben?

Vorteile	Nachteile

F Stoffschluss und Adhäsion

① Das Kleben hat mit der physikalischen Erscheinung der Adhäsion zu tun. Was versteht man unter Adhäsion?

Adhäsion ≙ ______

② Inwiefern beruht das stoffschlüssige Fügeverfahren des Klebens auf Adhäsion und Kohäsion?

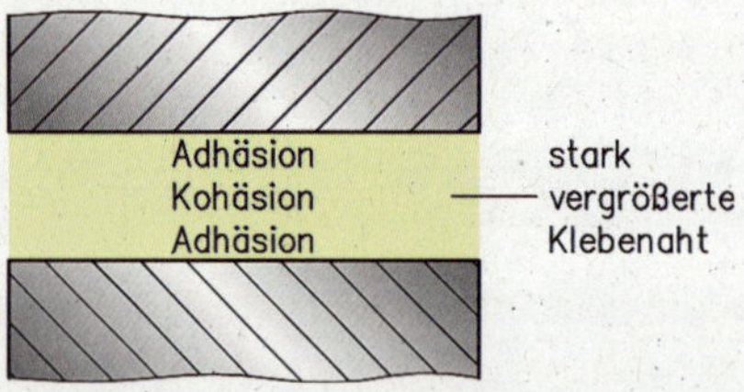

Adhäsion zwischen ______

Kohäsion zwischen ______

③ Welche Eigenschaften muss demnach ein guter Klebstoff erfüllen?

gute Klebstoffe < ______

G Stoffschluss: Löten

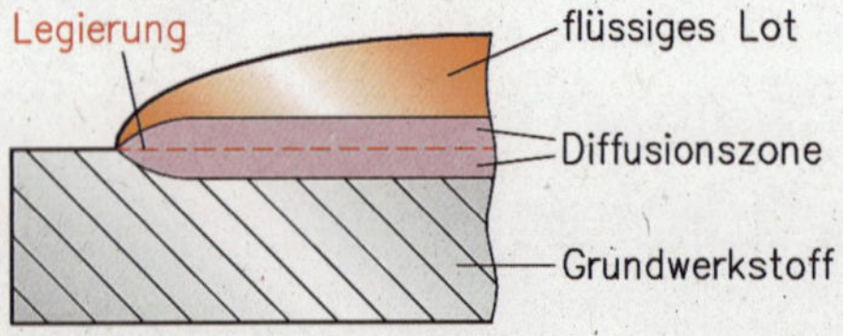

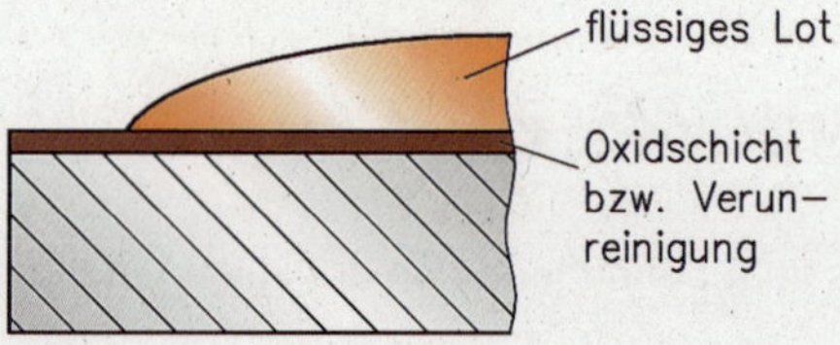

① Was geht bei einer richtigen Lötung an der Fügestelle stofflich vor sich?

______

Name:	Klasse:	Datum:

② Welche Arbeitsregeln gelten beim Löten?

a) ______ } metallisch rein
b) ______ } metallisch rein
c) ______
d) ______
e) ______

③ Wie bezeichnet man die physikalische Erscheinung, aufgrund der das flüssige Lot in den Lötspalt hineingezogen wird?

______

Welche Erkenntnis ergibt sich aus den beiden Skizzen?

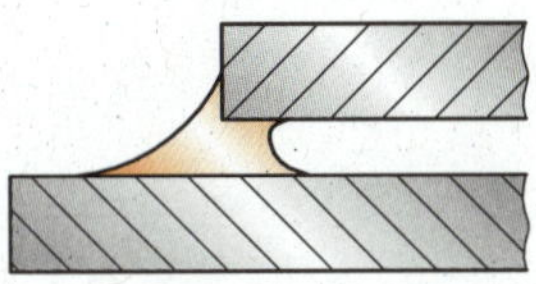

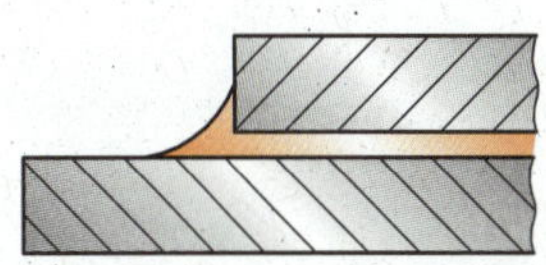

______

______

④ Wie lässt sich die Kapillarwirkung physikalisch erklären?

Bei einem **schmalen** Spalt ist die ______ zwischen den Molekülen der Flüssigkeit (hier: des Lots) und der Werkstückwand ______ als die ______ zwischen den Molekülen der Flüssigkeit (hier: des Lots). Das ______ wird deshalb in den schmalen Spalt ______

H Formschluss

① Wie bezeichnet man die abgebildeten formschlüssigen Verbindungen?

a)

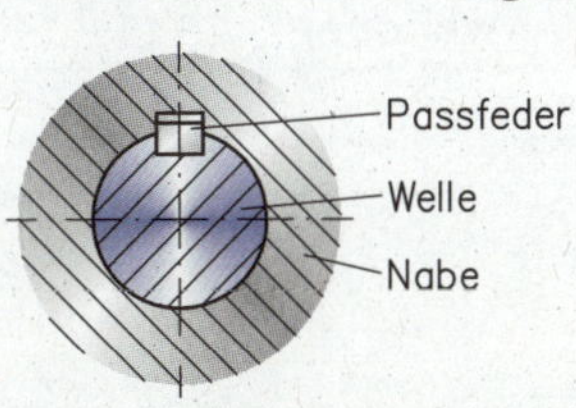

______

______

b)

______

______

c)

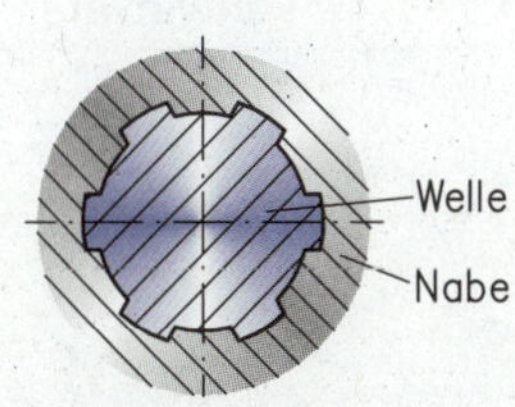

______

______

② Wie können formschlüssige Verbindungen hergestellt werden?

Beispiel a), b): durch ______

Beispiel c): durch ______

A Bezeichnungen am Gewinde

Außengewinde (Bolzengewinde)

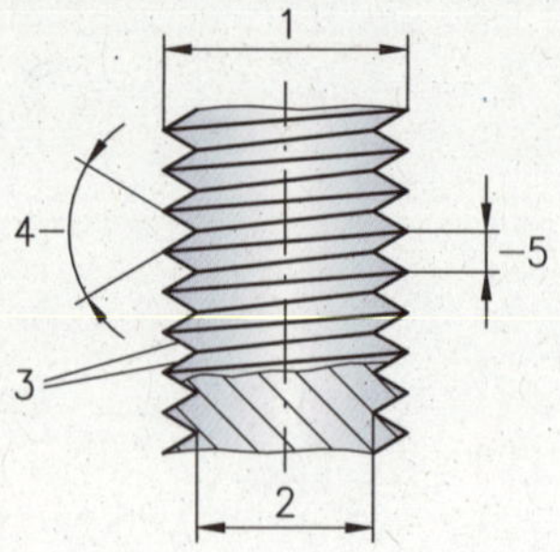

1 ____________________

2 ____________________

3 ____________________

4 ____________________

5 ____________________

Innengewinde (Muttergewinde)
(aufgeschnitten)

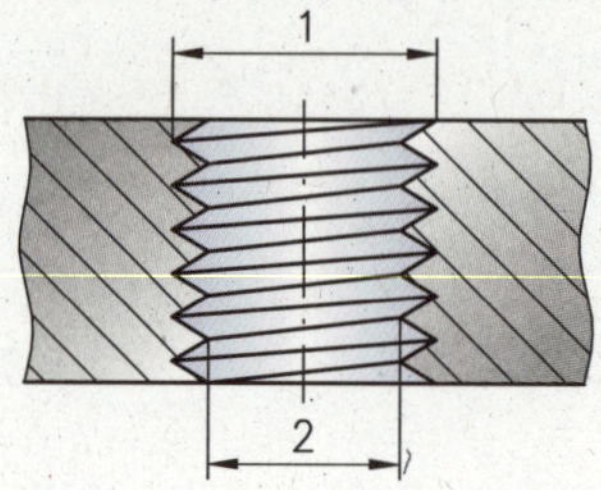

1 ____________________

2 ____________________

B Verwendungszweck

Wie teilt man die Gewinde nach ihrem Verwendungszweck ein?

Beispiele:

Beispiele:

C Gewindeprofile

Wie heißen die folgenden Gewindeprofile? Welche Flankenwinkel haben sie? Wozu werden sie verwendet?

Flankenwinkel	Bezeichnung	Verwendung
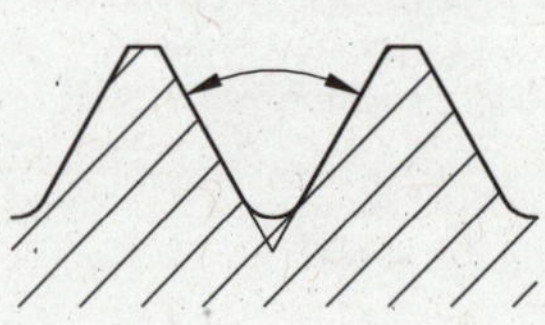 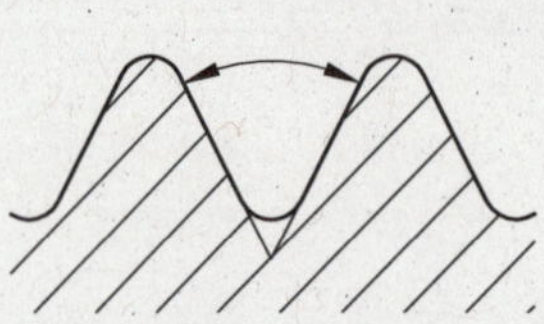	(Oberbegriff)	

Name:	Klasse:	Datum:

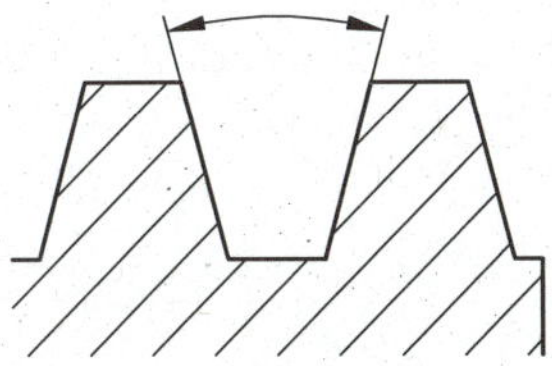		
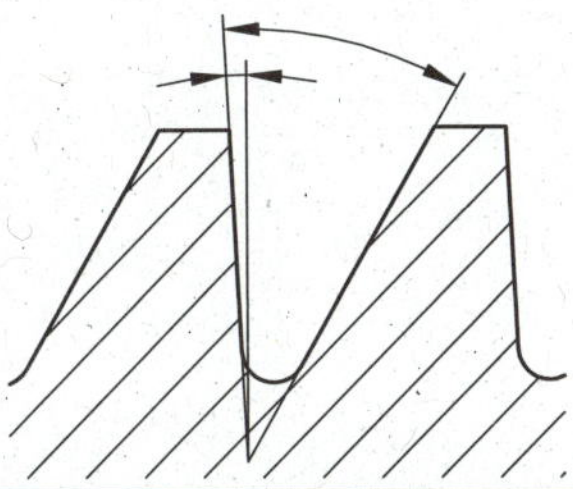		

D Drehsinn

① Wie bezeichnet man die abgebildeten Gewinde nach ihrem Drehsinn (Gangrichtung)?

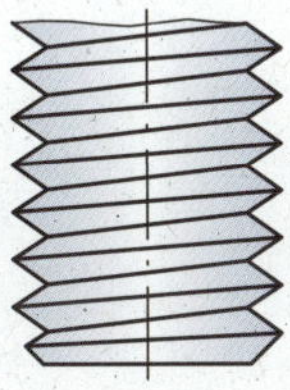

Kennzeichen:

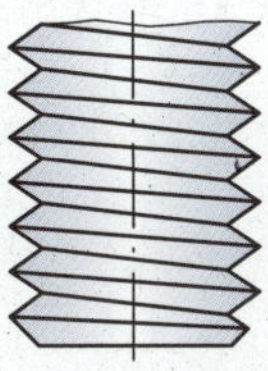

Kennzeichnung:

(left hand)

Kennzeichen:

② Wozu werden Linksgewinde verwendet?

E Gangzahl

① Worin unterscheiden sich ein- und mehrgängige Gewinde?

Ein **eingängiges** Gewinde hat .

Ein **mehrgängiges** Gewinde hat .

Auswirkung auf die Gewindesteigung:

② Zeichnen Sie farbig den weiteren Verlauf des jeweils untersten Gewindegangs ein. Geben Sie außerdem bei jedem Gewinde zeichnerisch die Steigung *P* an.

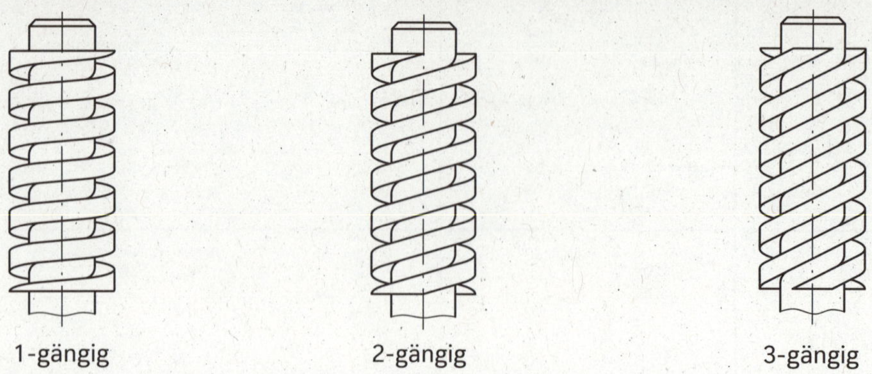

③ Wozu werden mehrgängige Gewinde verwendet?

F Regelgewinde (Normalgewinde) und Feingewinde

① Bei welchen Gewindeprofilen gibt es Regelgewinde und Feingewinde?

② Wodurch unterscheiden sich Feingewinde und Regelgewinde?

③ Welchen Vorteil hat das Feingewinde gegenüber dem Regelgewinde?

Steigung bei Feingewinden	→	Anpresskraft zwischen Flanken	→	Reibungskraft	→	Sicherheit gegen Lösen der Schrauben

G Normung

Übersetzen Sie mithilfe des Tabellenbuchs die Kurzzeichen für Gewinde.

M 12

M 10 x 0,5

M 30-LH

R $1^1/_2$

Tr 40 x 7

S 24 x 5

Name: | Klasse: | Datum:

Problem Werkstoff

Versuchen Sie, die folgenden Fragen zu beantworten.

1) Warum werden Abkantpressen nicht aus Kunststoff hergestellt?
2) Welche Eigenschaft muss der Werkstoff haben, aus dem Bohrer für Stahl gefertigt werden?
3) Welche Eigenschaft muss der Werkstoff für Dichtungen haben?
4) Warum wird bei Kupfer- oder Zinkblechverkleidungen nicht billigeres Stahlblech verwendet?
5) Welche Eigenschaft wird vom Ventil eines Verbrennungsmotors verlangt?
6) Warum bestehen die Gehäuse von Handbohrmaschinen aus Kunststoff?
7) Warum werden Flugzeuge nicht aus Stahl gebaut?

Erkenntnis aus allen Antworten:

A Einteilung der Werkstoffe

Im Berufsfeld Metalltechnik werden unterschiedliche Werkstoffe verwendet. Man unterscheidet dabei drei große Gruppen: Metalle, Nichtmetalle und Verbundwerkstoffe. Suchen Sie dazu jeweils Beispiele.

Werkstoffe

Metalle	**Nichtmetalle**	**Verbundwerkstoffe**
Beispiele:	Beispiele:	Beispiele:

B Metalle

Metalle sind die meistverwendeten Werkstoffe in Ihrem Berufsbereich. Man unterscheidet dabei Eisenmetalle und Nichteisenmetalle. Ordnen Sie die folgenden Metallwerkstoffe unter den angegebenen Gesichtspunkten ein und ergänzen Sie die beiden noch fehlenden Oberbegriffe.

Grauguss, Aluminium, Zink, Baustahl, Magnesium, Temperguss, Werkzeugstahl, Kupfer, Zinn, Kugelgrafitguss, Federstahl, Blei, Stahlguss, Hartguss, Titan

Metalle

Eisenmetalle		**Nichteisenmetalle**	
		Schwermetalle $\rho > 5\ kg/dm^3$	**Leichtmetalle** $\rho < 5\ kg/dm^3$
Beispiele:	Beispiele:	Beispiele:	Beispiele:

C Kunststoffe

① In welche drei großen Gruppen werden die Kunststoffe eingeteilt?

Kunststoffe		

② Welche Eigenschaft von Kunststoffen ist bei den folgenden Verwendungszwecken entscheidend?

Baumaterial für Boote, Flugzeuge	
Ummantelung von elektr. Leitern	
Handgriffe an Kochgeräten, Handgriff an Lötkolben	
Behälter für chemische Produkte	
komplizierte Formen und Profile	
Schläuche, Dichtungen	

D Werkstoffeigenschaften

① Für die Herstellung bzw. Verwendung eines Werkstücks werden vom Werkstoff ganz bestimmte Eigenschaften verlangt. Diese teilt man in drei große Gruppen ein: **physikalische, technologische** und **chemische** Eigenschaften. Ordnen Sie diese Begriffe den angeführten Werkstoffeigenschaften zu.

Festigkeit Härte Elastizität Plastizität Dichte Schmelzpunkt thermische Leitfähigkeit elektr. Leitfähigkeit Längenänderung bei Erwärmung	≙ ____________ Eigenschaften
Gießbarkeit spanende Bearbeitbarkeit Umformbarkeit kalt oder warm Schweißbarkeit Lötbarkeit	≙ ____________ Eigenschaften
Korrosionsbeständigkeit Wärmebeständigkeit Brennbarkeit Giftigkeit	≙ ____________ Eigenschaften

Name:	Klasse:	Datum:

② Welche Eigenschaften haben folgende Werkstoffe?

Werkstoff	**physikalische** Eigenschaften	**technologische** Eigenschaften	**chemische** Eigenschaften
nicht rostender Stahl			
Kupfer			
Al-Legierung			
Kunststoff (PVC-hart)			

E Hilfsstoffe

Neben den Werkstoffen werden in der Metalltechnik auch sog. Hilfsstoffe verwendet. Nennen Sie einige Hilfsstoffe für die angegebenen Verwendungszwecke.

Hilfsstoffe

- **zum Herstellen und Bearbeiten von Werkstücken**
- **zum Betreiben von Maschinen**

Beispiele:

Beispiele:

4.2.1 Roheisenherstellung

Was geht in den bezifferten Zwischenstufen vor sich?

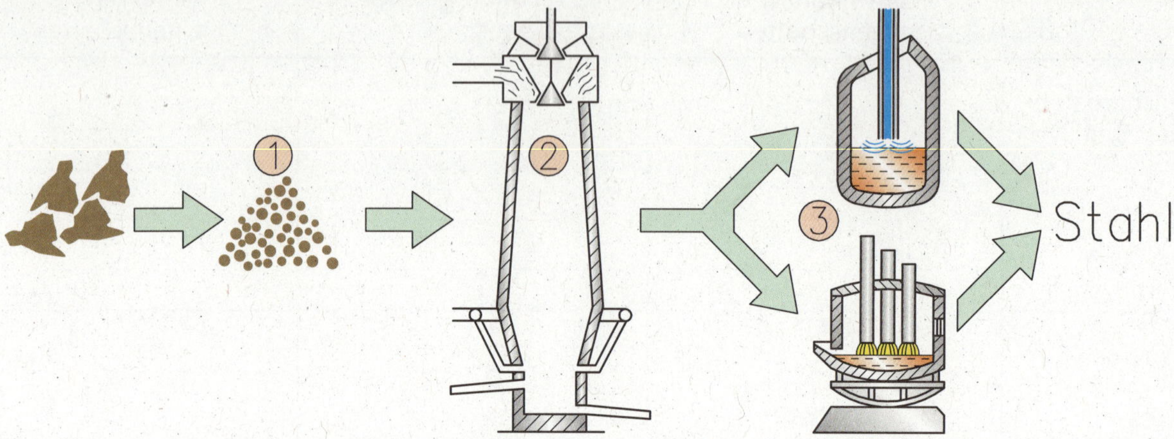

① ______________________

② ______________________

③ ______________________

A Hochofenanlage

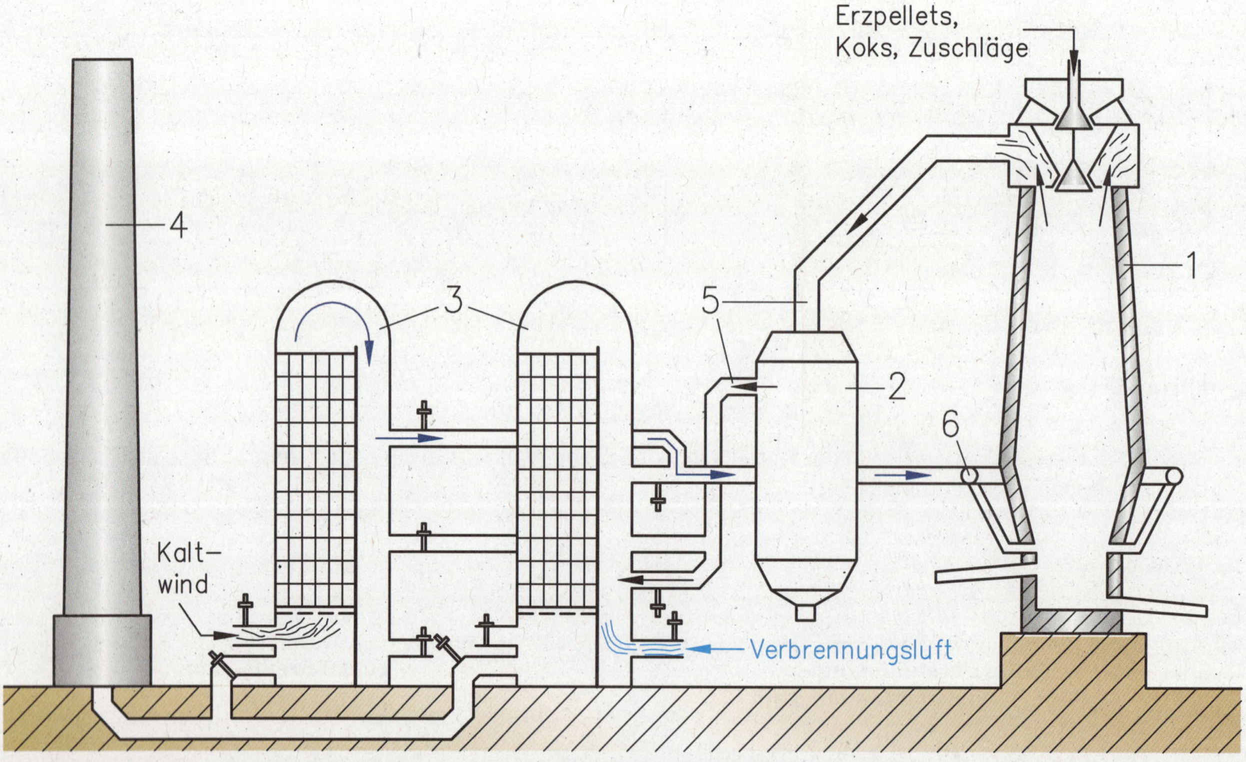

Um welche Teile einer Hochofenanlage handelt es sich bei

1 ______________________ 4 ______________________

2 ______________________ 5 ______________________

3 ______________________ 6 ______________________

Name:	Klasse:	Datum:

B Eisenerze

① In welcher chemischen Verbindung kommt das Eisen in den Erzen hauptsächlich vor?

② Welches (chemische) Ziel hat der Vorgang, der im Hochofen stattfindet?

C Vorgänge im Hochofen

Notieren Sie bei 1.–5. die für die Eisengewinnung entscheidenden Vorgänge.

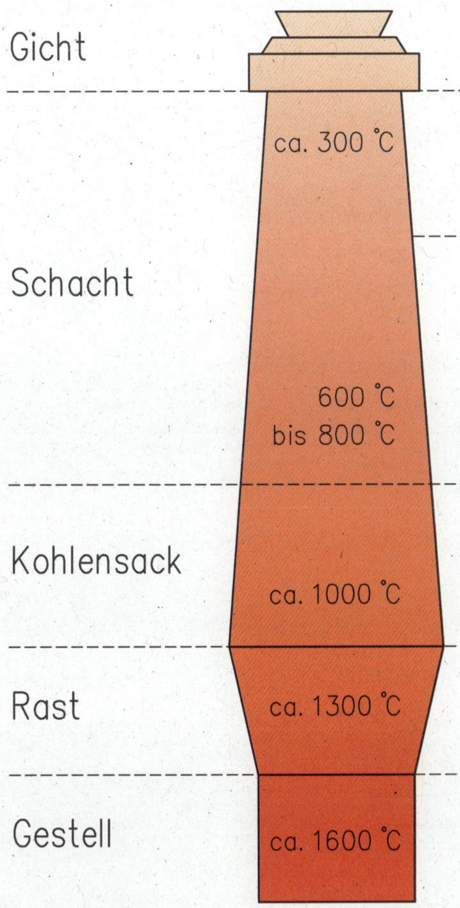

1.

2.

3.

4.

5.

D Roheisen

Welche zwei Arten von Roheisen liefert der Hochofen?

Roheisen

Merkmale:

Weiterverarbeitung zu

Merkmale:

Weiterverarbeitung zu

4.2.2 Stahlherstellung

A Stahlerzeugung aus Roheisen

① Welche Bestandteile im Roheisen müssen weitgehend beseitigt werden, damit aus Roheisen Stahl wird?

Roheisen – { 1. ______ 2. ______ 3. ______ 4. ______ 5. ______ } **= Stahl**

② Wie groß ist der Kohlenstoffgehalt von Roheisen und unlegiertem Stahl?

Roheisen	______ ... ______ % C
unlegierter Stahl	______ ... ______ % C

③ Nach welchem Prinzip werden die unerwünschten Bestandteile aus dem Roheisen entfernt?

______

______

④ Welche Verfahren der Stahlerzeugung sind heute üblich?

a) ______

b) ______

B Sauerstoff-Aufblasverfahren (LD-Verfahren)

Ergänzen Sie Skizze und Text.

a) Beim LD-Verfahren dient reiner ______ zum Frischen.

b) Beim LD-Verfahren wird der Sauerstoff von ______ ins Schmelzgut geblasen.

c) Da bei der Verbrennung der unerwünschten Bestandteile sehr hohe Temperaturen entstehen, wird zur ______ der Schmelze ______ zugegeben.

Name: | Klasse: | Datum:

C Elektrostahl-Verfahren

Ergänzen Sie die fehlenden Bezeichnungen.

-ofen

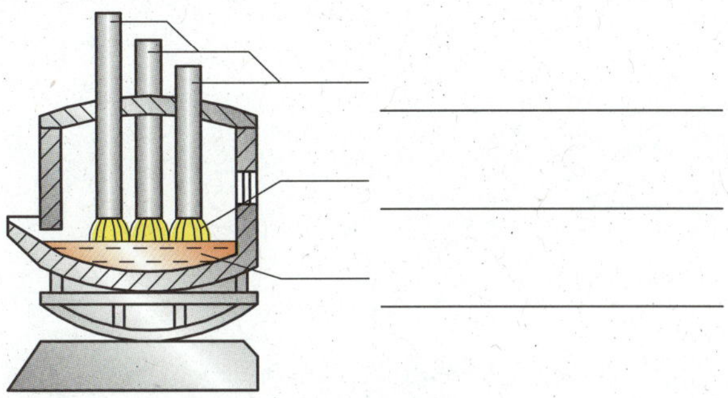

Wie erfolgt die Hitzeerzeugung?

Wie groß ist die höchste Temperatur?

°C

Welchen besonderen Vorteil hat dieser Ofen?

D Direktreduktion

Bei der Direktreduktion werden Eisenerzpellets (≙ gemahlenes Eisenerz, das zu Kügelchen gepresst ist) in einen Ofen gebracht. Durch diesen strömen brennende Gase (CO und H_2), die sich bei einer Temperatur von ca. 1 100 °C mit dem Sauerstoff des Eisens verbinden. Übrig bleiben poröse Pellets („Eisenschwamm") aus Eisen und erdigen Bestandteilen. Der Eisenschwamm wird dann im Lichtbogenofen zu Stahl verarbeitet.

① Übertragen Sie den Erläuterungstext in die folgende Skizze.

1. Schritt		2. Schritt		3. Schritt
	→		→	

② Welchen Vorteil hat das Direktreduktionsverfahren?

E Stahlerzeugung aus Schrott

① Welche Bedeutung hat Recycling für die Stahlerzeugung heute?

② Ergänzen Sie die Stufen der Wiederverwertung (Recycling) von Stahl.

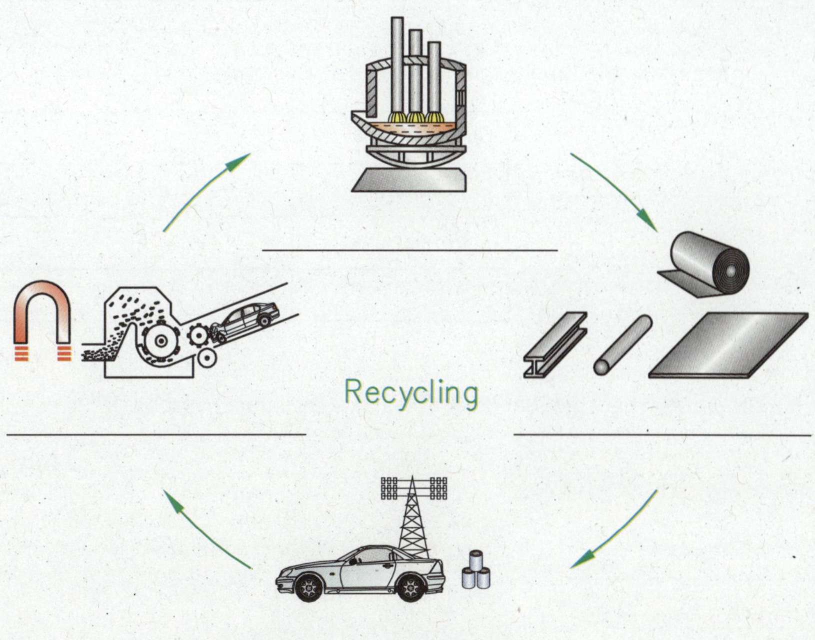

4.2.3 Gusseisenherstellung

A Gusseisen mit Lamellengrafit (EN-GJL)
(herkömmliche Bezeichnung: Grauguss)

① Aus welchen Ausgangsmaterialien und in welchen Öfen wird Gusseisen mit Lamellengrafit erschmolzen?

Ausgangsmaterialien:

Öfen:

② Schliffbilder von Gusseisen mit Lamellengrafit (Grauguss)

50-fach vergrößert

In welcher Form ist der Kohlenstoff (Grafit) im Grauguss abgelagert?

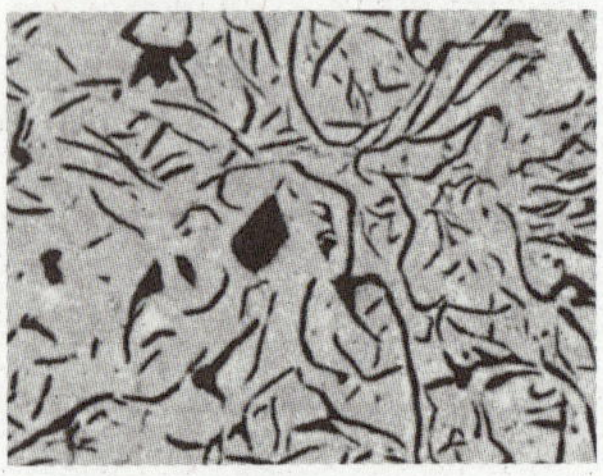

100-fach vergrößert

Welchen Einfluss hat die Größe der Lamellen auf die Festigkeit von Grauguss?

③ Wodurch entsteht diese besondere Form der Grafitausscheidung?

→ **Grafit in Lamellenform** ←

④ Ergänzen Sie die Tabelle mithilfe Ihrer Fachbücher.

Si-Gehalt	
C-Gehalt	
Schmelzpunkt	
Dichte	

⑤ Grauguss ist gut gießbar (leichtflüssig). Was ist die Ursache dafür?

⟹ **gute Gießbarkeit**

Name: | Klasse: | Datum:

⑥ Welche Eigenschaften verleihen die lamellenförmigen Grafiteinlagerungen dem Grauguss?

Gusseisen mit Lamellen-grafit

⑦ Nennen Sie einige Beispiele für Werkstücke aus Gusseisen mit Lamellengrafit.

B Gusseisen mit Kugelgrafit (EN-GJS)

① Wie unterscheidet sich Gusseisen mit Kugelgrafit von Gusseisen mit Lamellengrafit in der Form der Grafitablagerung?

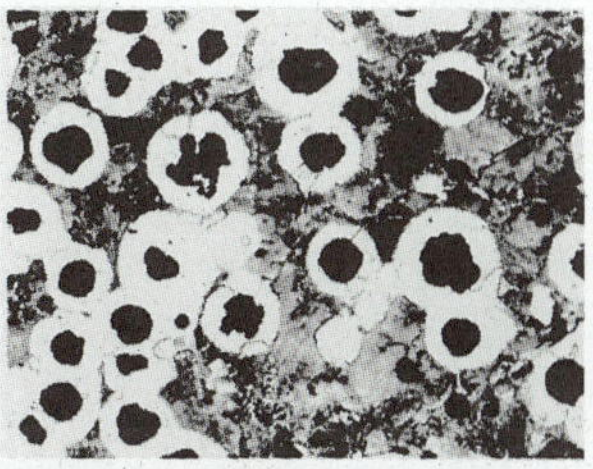

Schliffbild EN-GJS
100-fach vergrößert

② Mit welchen Mitteln erreicht man diese besondere Form der Grafitausscheidung?

⟹ **Grafit in Kugelform**

③ Welche zwei wichtigen Eigenschaften werden durch die kugelförmigen Grafitablagerungen verbessert?

Grafit in Kugelform — steigert ⟹

a)

b)

④ Nennen Sie einige Beispiele für Werkstücke aus Kugelgrafitguss.

C Temperguss (EN-GJMW, EN-GJMB)

① Was versteht man unter Temperguss?

Temperguss ist

② Welche zwei Arten von Temperguss unterscheidet man?

Temperguss

Kurzzeichen:	Kurzzeichen:
Herstellungsprinzip:	Herstellungsprinzip:

③ Nennen Sie einige Beispiele für Werkstücke aus Temperguss.

D Überblick

In welcher Form ist der Grafit bei den folgenden Gusswerkstoffen eingelagert?

bei Gusseisen mit Lamellengrafit	**bei Gusseisen mit Kugelgrafit**	**bei Schwarzem Temperguss**

Name:	Klasse:	Datum:

A Strangguss

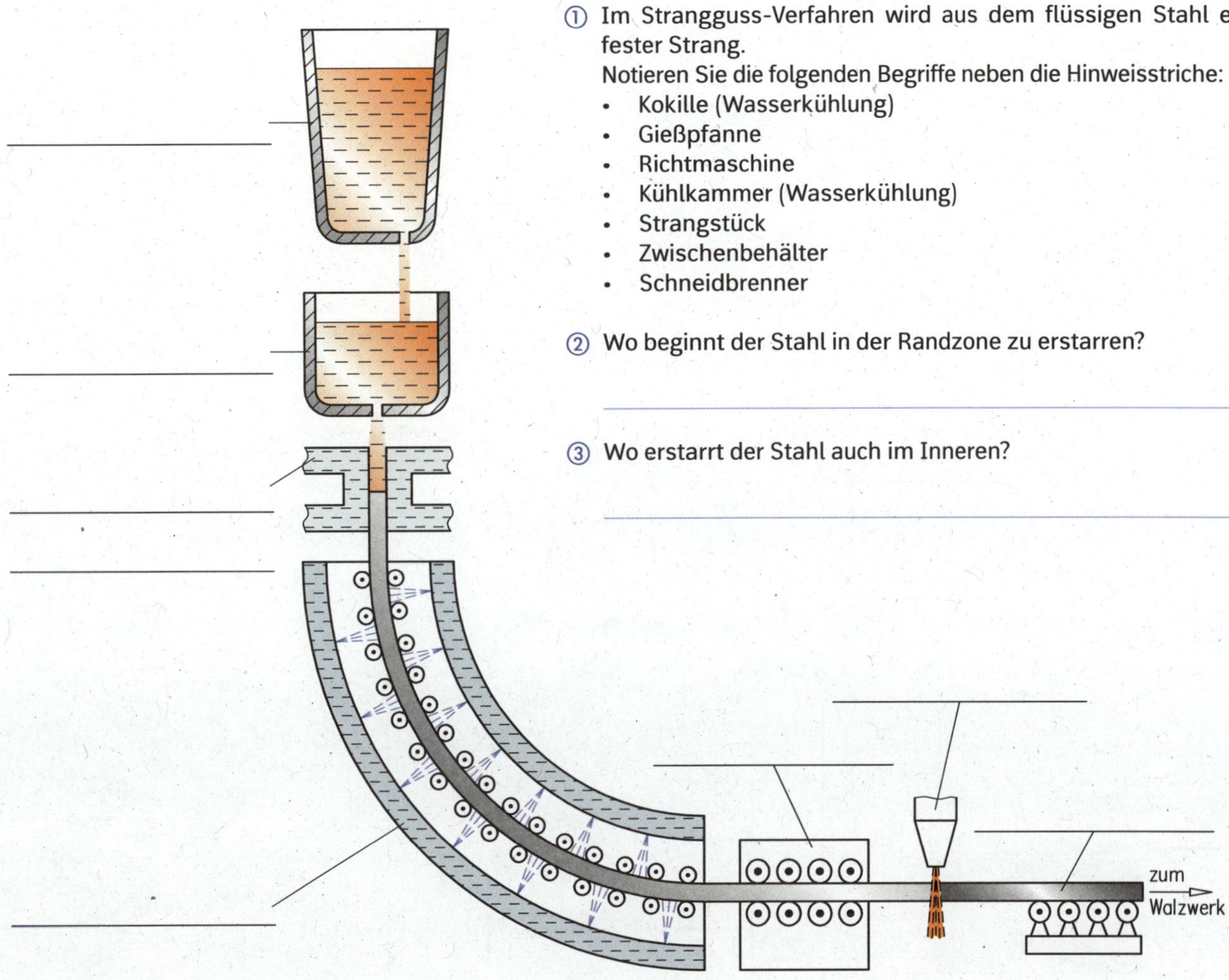

① Im Strangguss-Verfahren wird aus dem flüssigen Stahl ein fester Strang.
Notieren Sie die folgenden Begriffe neben die Hinweisstriche:
- Kokille (Wasserkühlung)
- Gießpfanne
- Richtmaschine
- Kühlkammer (Wasserkühlung)
- Strangstück
- Zwischenbehälter
- Schneidbrenner

② Wo beginnt der Stahl in der Randzone zu erstarren?

③ Wo erstarrt der Stahl auch im Inneren?

B Halbzeuge

Welche Halbzeugprodukte werden im Walzwerk hergestellt?

a)

b)

c)

d)

C Stahlbleche

In welche Gruppen teilt man die Stahlbleche ein?

1. ______________________ (unter ______ mm Dicke)
2. ______________________ (von ______ bis ______ mm Dicke)
3. ______________________ (von ______ bis ______ mm Dicke)
4. ______________________ (über ______ mm Dicke)

D Stab- und Formstähle

① Wie nennt man Stab- und Formstähle mit den folgenden Querschnitten?

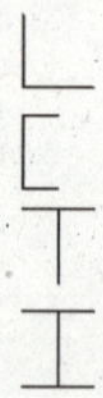

② Nach welchen Verfahren werden Stab- und Formstähle hergestellt?

1

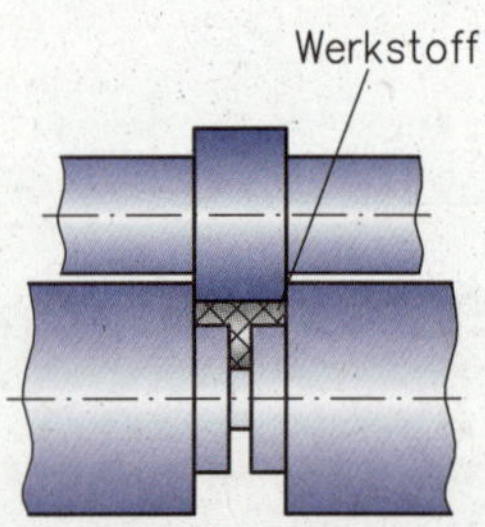

____

2

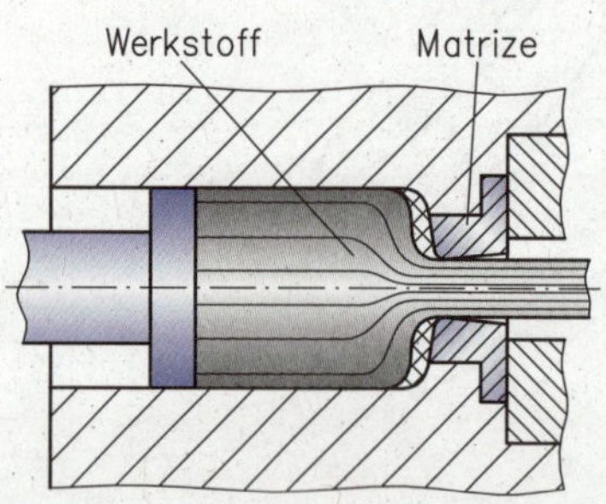

____

3

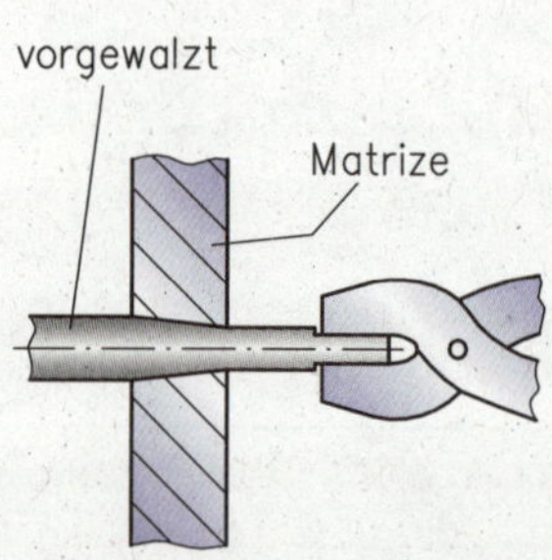

____

③ Welches Verfahren garantiert besonders genaue Maße beim Halbzeug?

____

____

④ Nach welchem Verfahren können Profile mit komplizierten Querschnitten hergestellt werden?

____

E Drähte

① Wie werden Drähte hergestellt?

a) ______________________ (über 5 mm Ø) b) ______________________ (unter 5 mm Ø)

② Welchen Vor- und Nachteil haben kaltgezogene Drähte?

Vorteil: ______________________

Nachteil: ______________________

Name:	Klasse:	Datum:

F Rohre

① In welche zwei große Gruppen teilt man Rohre ein?

______ Rohre	______ Rohre
Vorteil: ______	Vorteil: ______
Nachteil: ______	Nachteil: ______

② Nach welchen Verfahren werden nahtlose Rohre hergestellt?

a)

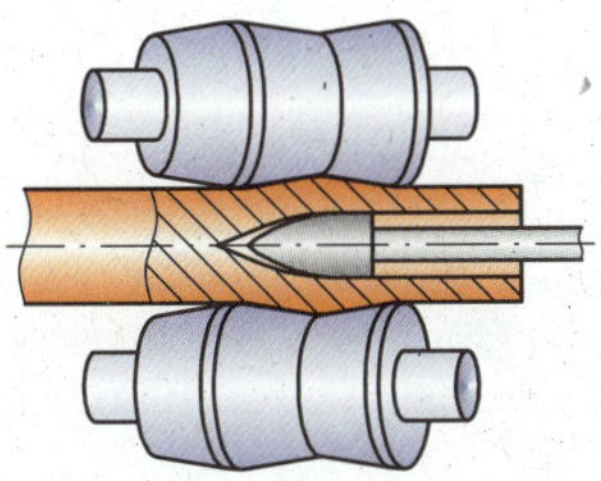

______ verfahren

______

______

b)

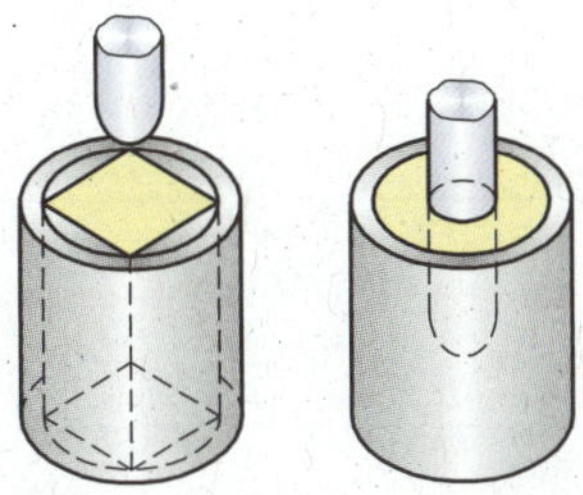

______ verfahren

______

______

c)

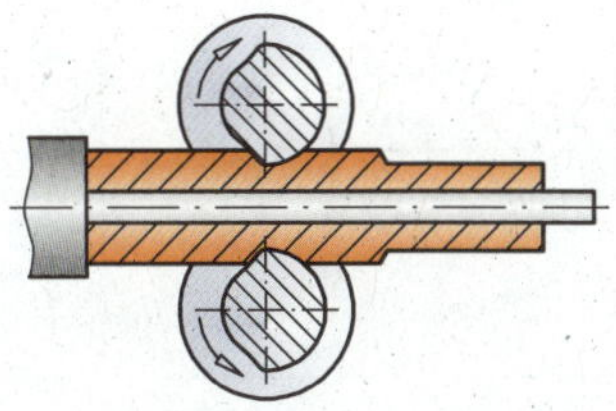

______ verfahren

______

______

③ Wie werden geschweißte Rohre hergestellt?

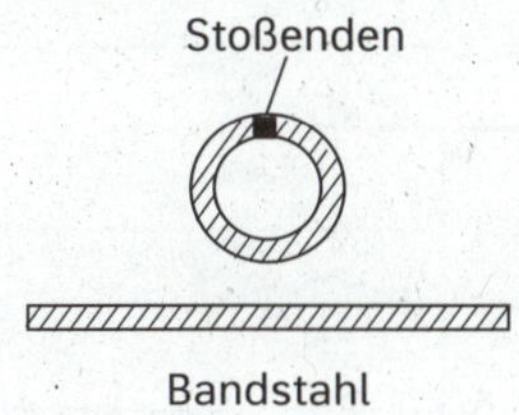

Geschweißte Rohre entstehen, indem ______

in die Form von Rohren ______ wird. Die ______ wer-

den anschließend ______

G Normung von Halbzeugen

① Eine vollständige Halbzeugnormung besteht aus drei Teilen. Beschreiben Sie an dem folgenden Beispiel allgemein den Inhalt der drei Teile.

Teil 2: ______

U-Profil DIN 1026 – U 100 – S235JR

Teil 1: ______

______

Teil 3: ______

______

(bei I-Trägern und Hohlprofilen umgekehrte Reihenfolge von Teil 2 und Teil 3)

② Was bedeutet die Halbzeugnorm (von Aufgabe G 1) im Einzelnen? Benutzen Sie das Tabellenbuch.

______

______

______

③ Übersetzen Sie entsprechend die folgende Halbzeugnorm.

I-Profil DIN 1025 – S275JO – IPE 180

④ Was bedeuten die folgenden Kurzzeichen?

U 60	
L 40 x 40 x 5	
L 65 x 50 x 5	
T 50	
IPE 160	
IPB 140	
I 80	
Fl 45 x 8 ▭ 45 x 8	
Rd 30 Ø 30	
6kt 32 ⬡ 32	
Rohr 30 x 2,5	
Bl 2,5 x 1000 x 2000	
Draht 1,6	

Name:	Klasse:	Datum:

A Beimengungen im Stahl

Stellen Sie mithilfe des Tabellenbuchs (entsprechende Seiten zu „Stähle“ oder „Stahlsorten“) fest, welche metallischen Beimengungen und welche nichtmetallischen Beimengungen im Stahl enthalten sein können.

metallische Beimengungen (≙ Legierungselemente)	**nichtmetallische Beimengungen** (≙ Begleitstoffe)

B Legierung

① Was versteht man unter einer Legierung?

Eine Legierung ist ein Gemenge, bei dem ein Metall (Grundmetall) mit

② Welchen Zweck hat das Legieren?

C Legierungselemente

Welche Auswirkungen auf die Eigenschaften eines Stahls haben die folgenden Legierungselemente?

Legierungs-element	**steigert**	**senkt**
Chrom Cr		
Molybdän Mo		
Wolfram W		
Vanadium V		
Mangan Mn		

Legierungselement	steigert	senkt
Nickel Ni		
Kobalt Co		

D Begleitstoffe

① Welche Begleitstoffe sind im Stahl

unbedingt notwendig?	in der Regel **unerwünscht**?

② Welche Auswirkungen auf die Eigenschaften eines Stahls haben die folgenden Begleitelemente?

Begleitelement	steigert	senkt
Kohlenstoff C		
Schwefel S		
Phosphor P		
Stickstoff N_2		
Silicium Si		

③ Ermitteln Sie mithilfe Ihres Tabellenbuchs, welche **Begleitstoffe** außer Kohlenstoff enthalten sind in

Automatenstählen: ______

Federstählen: ______

Name: | Klasse: | Datum:

Für die Benennung der Eisenwerkstoffe werden Kurznamen oder Werkstoffnummern verwendet.

Beispiel: **S 185** (**Kurzname**) ≙ **1.0035** (**Werkstoffnummer**)

A Werkstoffnummern

① Man kann Werkstoffe nur mit Ziffern benennen. In diesem Fall spricht man von Werkstoffnummern. Welchen besonderen Zweck hat diese Art der Benennung?

② Eine Werkstoffnummer umfasst in der Regel fünf Ziffern und einen Punkt. Stellen Sie mithilfe Ihres Tabellenbuchs (Stichwort: Werkstoffnummern) fest, welche **allgemeine** Bedeutung die gekennzeichneten Ziffern oder Zifferngruppen der angegebenen Werkstoffnummer haben.

1 . 01 43

(bei Bedarf erweiterbar auf vier Ziffern)

③ Übersetzen Sie mithilfe Ihres Tabellenbuchs so weit wie möglich die folgenden Werkstoffnummern für Stähle.

1.0143	1.0736
1 ≙	1 ≙
01 ≙	07 ≙
43 ≙	36 ≙

1.4116	1.3243
1 ≙	1 ≙
41 ≙	32 ≙
16 ≙	43 ≙

B Bezeichnungssystem für Stähle

① Nach DIN EN 10027 wurden für Stähle einheitlich in Europa Kurznamen gebildet. Diese bestehen aus Buchstaben und Zahlen. Beispiel: **S275JR**
Der erste Buchstabe (hier: S) benennt jeweils eine Stahlsorte. Ermitteln Sie mithilfe Ihres Tabellenbuchs, was die folgenden **ersten** Buchstaben jeweils bedeuten.

S.... ≙ ______

P.... ≙ ______

E.... ≙ ______

D.... ≙ ______

H.... ≙ ______

HS .. ≙ ______

C.... ≙ ______

X.... ≙ ______

(kein Buchstabe, Beginn mit Ziffer) ______

② An welchen zwei grundsätzlichen Gesichtspunkten orientiert sich die Bezeichnung der Stähle?

Bezeichnung nach < ______ / ______

③ In welche drei Gruppen kann man die Stähle hinsichtlich ihrer chemischen Zusammensetzung einteilen?

______ Stähle	______ Stähle	______ Stähle
	Kein Legierungsbestandteil ist über ______ %. Frühere Bezeichnung: „niedriglegierte Stähle“	**Mindestens** 1 Legierungsbestandteil ist über ______ %. Frühere Bezeichnung: „hochlegierte Stähle“

C Normungsbeispiele für Stähle

① Ermitteln Sie mithilfe Ihres Tabellenbuchs so weit wie möglich,
a) was die folgenden Kurznamen bedeuten,
b) die entsprechenden Werkstoffnummern.

Kurzname	Werkstoff-nummer	Bedeutung
S275JR		
S235J2		
S355N		

Name:	Klasse:	Datum:

Kurzname	Werkstoffnummer	Bedeutung
		unlegierter Baustahl; Mindeststreckgrenze $R_e = 355\ N/mm^2$; Kerbschlagarbeit 27 Joule bei 0 °C
		unlegierter Baustahl; Mindeststreckgrenze $R_e = 355\ N/mm^2$; Kerbschlagarbeit 40 Joule bei – 20 °C
E295		
		Maschinenbaustahl; Mindeststreckgrenze $R_e = 360\ N/mm^2$;
HS6-5-2-5		
		Schnellarbeitsstahl mit 10 % W, 4 % Mo, 3 % V, 10 % Co
C35		
C45E		
		unleg. Stahl mit 0,60 % C
		unleg. Stahl mit 0,60 % C; vorgeschr. max. S-Gehalt

② **Legierte Stähle** (**kein** Legierungsbestandteil über 5 % ≙ „niedriglegierte Stähle"). Ergänzen Sie die Spalten mithilfe Ihres Tabellenbuchs.

Kurzname	Werkstoffnummer	Bedeutung
17Cr3		
20MoCr4		
42CrMoS4		
61SiCr7		
35SPb20		
34CrAlMo5-10		
		Stahl mit $\frac{34}{100}$ % C; $\frac{4}{4}$ % Cr
		Stahl mit $\frac{16}{100}$ % C; $\frac{5}{4}$ % Mn; etwas Cr
		Stahl mit 0,9 % C; 2 % Mn; etwas Cr und V
		Stahl mit 0,60 % C; 2 % W; etwas Cr und V

Welche Legierungsbestandteile haben die folgenden Teiler?

______ ______ ______ ______ ______ ______ ______ } **:4**	______ ______ ______ ______ ______ ______ ______ } **:10**	______ ______ ______ ______ ______ ______ ______ } **:100**

③ **Legierte Stähle** (mindestens 1 Legierungsbestandteil über 5 % ≙ „hochlegierte Stähle"). Ergänzen Sie die Spalten mithilfe Ihres Tabellenbuchs.

Kurzname	Werkstoff-nummer	Bedeutung
X12Cr13		
X10CrNi18-8		
		leg. Stahl mit $\frac{38}{100}$ % C; 16 % Cr; etwas Mo
		leg. Stahl mit $\frac{6}{100}$ % C; 17 % Cr; 1 % Mo

Welche Bedeutung hat das vorangestellte X bei der Normung von Stählen?

X bedeutet ______________ ; die Zahlen geben den tatsächlichen ______________ der Legierungsbestandteile an (Ausnahme: ______________).

D Normungsbeispiele für Gusswerkstoffe

① Ermitteln Sie mithilfe Ihres Tabellenbuchs
a) was die folgenden Kurznamen für Gusswerkstoffe bedeuten,
b) die entsprechenden Werkstoffnummern.

Kurzname	Werkstoff-nummer	Bedeutung
EN-GJL-150		
EN-GJS-700-2		
EN-GJMW-400-5		
EN-GJMB-550-4		

Name:	Klasse:	Datum:

Kurzname	Werkstoff-nummer	Bedeutung
		Gusseisen mit Lamellengrafit (Grauguss); Zugfestigkeit $R_m = 300\ N/mm^2$
		Gusseisen mit Kugelgrafit (Kugelgrafitguss); Zugfestigkeit $R_m = 600\ N/mm^2$; Bruchdehnung = 3 %
		entkohlend geglühter Temperguss (weißer Temperguss); Zugfestigkeit $R_m = 550\ N/mm^2$; Bruchdehnung 4 %
		nicht entkohlend geglühter Temperguss (schwarzer Temperguss); Zugfestigkeit $R_m = 450\ N/mm^2$; Bruchdehnung 6 %
EN-GJL-HB215 Wanddicke 5 ... 100		

② **Stahlguss**. Ergänzen Sie die Spalten mithilfe Ihres Tabellenbuchs.

Kurzname	Werkstoff-nummer	Bedeutung
GE 240		
		Stahlguss; Dehngrenze $R_{p0,2} = 300\ N/mm^2$
G20 Mn5		
GX23Cr MoV12-1		

Problem Werkstoff

Um die Giebelränder („Ortgänge“) vor Witterungseinflüssen zu schützen, werden sie manchmal mit Metall verkleidet.
Welche Werkstoffe kommen dabei infrage?

Schwermetalle – Leichtmetalle

a) Nennen Sie einige Leicht- und Schwermetalle und ihre jeweilige Dichte (s. Tabellenbuch).
b) Wo liegt die Grenze zwischen Schwermetallen und Leichtmetallen hinsichtlich der Dichte?

Schwermetalle	Dichtegrenze	Leichtmetalle
	______ kg/dm³	

4.6.1 NE-Schwermetalle und ihre Legierungen

A Kupfer

Geben Sie zahlenmäßig oder mit einem Stichwort (groß – klein, gut – schlecht) die folgenden Eigenschaften von **Kupfer** an. Wo werden diese Eigenschaften in der Metalltechnik praktisch ausgenutzt?

Eigenschaft	Ausnutzung in der Metalltechnik
Schmelzpunkt	
Dehnbarkeit	
Korrosionsbeständigkeit	
Wärmeleitfähigkeit	
elektrische Leitfähigkeit	

Name:	Klasse:	Datum:

B Zink

① Wozu wird Zink in der Metalltechnik hauptsächlich verwendet?

a) ___

b) ___

c) ___

② Wodurch unterscheiden sich Zinkbleche und verzinkte Stahlbleche optisch?

Zinkbleche: ___

Verzinkte Stahlbleche: ___

C Zinn

① Wozu wird Zinn in der Metalltechnik hauptsächlich verwendet?

a) ___

b) ___

② Wie bezeichnet man verzinntes Stahlblech?

verzinntes Stahlblech ≙ ___

D Blei

① Welche wichtigen Eigenschaften hat Blei?

a) ___

b) ___

c) ___

② Wozu wird Blei hauptsächlich verwendet?

___

E Guss- und Knetlegierungen

① Was versteht man unter Guss- und Knetlegierungen?

Gusslegierungen lassen sich gut ___

Verarbeitung zu:

___

Knetlegierungen lassen sich gut spanlos ___

Verarbeitung zu:

___

② Wie sind Guss- und Knetlegierungen bei **Kupferlegierungen** im **Kurznamen** gekennzeichnet?

Gusslegierung

Kennzeichnung im Kurznamen: ___

(nach der chem. Zusammensetzung)

Knetlegierung

Kennzeichnung im Kurznamen ___

F Normung von Kupferlegierungen

Ermitteln Sie mithilfe Ihres Tabellenbuchs die Bedeutung der folgenden Kurznamen*:

Kurzname	Werkstoff-nummer	Bedeutung
CuSn11Pb2-C	CC482K	
CuZn33Pb2-C	CC750S	
	CC483K	Kupferlegierung mit 12 % Zinn; Gussstücke
CuZn31Si1	CW708R	
	CW403J	Kupferlegierung mit 12 % Nickel, 24 % Zink; Knetlegierung

G Kupferlegierungen

Für **Kupferlegierungen** gibt es traditionelle Bezeichnungen. Wie lauten die entsprechenden genormten Bezeichnungen dafür?

trad. Bez.	Bezeichnung nach Norm	Verwendung oder besondere Eigenschaften
Messing		
Zinnbronze		
Rotguss		
Neusilber		
Aluminiumbronze		

*) Beim Lesen von Kurznamen aller Nichteisenmetalle gilt:
1. Die Zahlen geben den tatsächlichen Prozentsatz der Legierungsbestandteile an (keine Teiler!).
2. Eine Zahl gehört zum voranstehenden Legierungsbestandteil. (Bei der Stahlnormung gilt: Die erste Zahl gehört zum ersten Legierungsbestandteil, die zweite zum zweiten usw.).

Name:	Klasse:	Datum:

H Blei-Zinn-Legierungen

① Wozu werden Zinn-Blei-Legierungen häufig verwendet?

a) ______

b) ______

② Die Normung von Weichloten wird durch DIN EN ISO 9453 geregelt. Ermitteln Sie mithilfe Ihres Tabellenbuchs die Bedeutung der folgenden Kurznamen bzw. wie sie lauten.

Kurzname	Bedeutung
Sn63Pb37	
Pb58Sn40Sb2	
	Weichlot mit 60 % Blei und 40 % Zinn

4.6.2 Leichtmetalle und Leichtmetalllegierungen

A Aluminium

Geben Sie zahlenmäßig oder mit einem Stichwort (gut – schlecht bzw. groß – gering) die folgenden Eigenschaften von Aluminium an. Notieren Sie – wo vorgesehen – Beispiele dafür, wie diese Eigenschaften in der Metalltechnik ausgenutzt werden.

Eigenschaften	Ausnutzung in der Metalltechnik
Dichte	
Zerspanbarkeit	
Dehnbarkeit	
Wärmeleitfähigkeit	
elektr. Leitfähigkeit	
Korrosionsbeständigkeit	
Schweißbarkeit	
Schmelzpunkt	
Festigkeit	

B Aluminiumlegierungen

① Wozu dient das Legieren von Aluminium in erster Linie?

Legieren von Al erhöht → a) ____________

b) ____________

② Mit welchen Metallen (chemische Kurzzeichen) wird Aluminium hauptsächlich legiert?

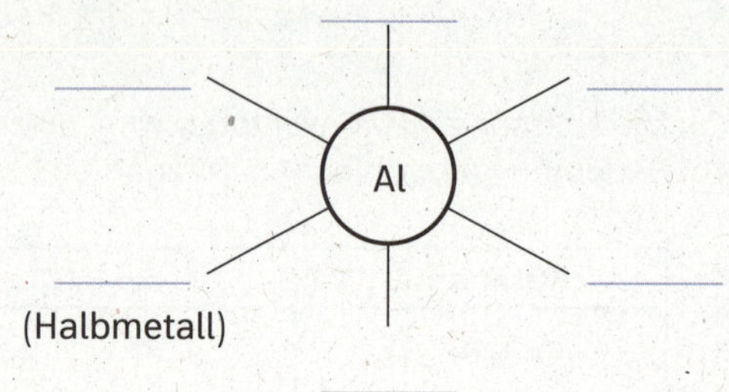

C Normung von Al und Al-Legierungen

Ermitteln Sie mithilfe Ihres Tabellenbuchs die Bedeutung der folgenden Kurznamen.

Kurzname	Werkstoffnummer	Bedeutung
EN AW-Al99,5		
EN AW-AlMg1		
EN AW-AlMn1Cu		
EN AC-AlSi12		
EN AC-AlSi7Mg		

An welchen Buchstaben in Kurzname und Werkstoffnummer lassen sich bei Al-Legierungen Knet- und Gusslegierungen unterscheiden?

____

D Titan und Titanlegierungen

① Welche für die Technik positiven Eigenschaften hat Titan?

Titan
- ____________
- ____________
- ____________
- ____________
- ____________

② Wo werden Ti und Ti-Legierungen bevorzugt verwendet?

____

____

Name:	Klasse:	Datum:

Wenn man dem modernen Menschen alle Kunststoffe wegnähme, ...
... was bliebe dann noch übrig?

Kunststoffe im Privatbereich:

Kunststoffe im Berufsbereich:

A Herkunft der Kunststoffe

① Welche Rohstoffe werden hauptsächlich zur Herstellung von Kunststoffen verwendet?

Kunststoffe

② Welche Elemente können in Kunststoffen enthalten sein?
Notieren Sie farbig die Kurzzeichen der beiden Elemente, die in allen Kunststoffen zu finden sind (Ausnahme: Silikone).

in Kunststoffen enthaltene Elemente:

B Herstellung

① In welchen zwei grundsätzlichen Stufen vollzieht sich die Herstellung von Kunststoffen?

Rohstoff
(Ausgangsstoff)

Beispiel: Erdgas (CH_4)

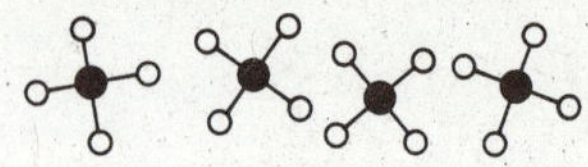

1. Stufe:
Vorprodukte

____
____________________ (= Monomere)

Beispiel: Ethylen (C_2H_4)

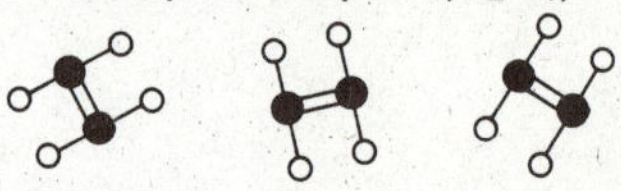

2. Stufe
Fertigprodukte
(Kunststoffe)

____
____________________ (= Polymere)

Beispiel: Polyethylen

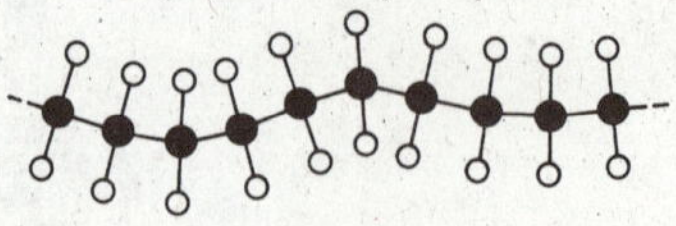

② Welche drei chemischen Reaktionsarten zur Herstellung von Großmolekülen (Makromolekülen) unterscheidet man?

a) **Gleichartige Monomere** verbinden sich zu **fadenförmigen Makromolekülen.** Bei der Reaktion wird kein anderer Stoff abgespalten. ______________________________

b) **Verschiedenartige Monomere** verbinden sich zu Makromolekülen. Die Molekülketten sind **engmaschig vernetzt.** Bei der Reaktion werden andere Stoffe abgespalten. ______________________________

c) **Gleichartige oder verschiedenartige Monomere** verbinden sich zu Makromolekülen. Die Molekülketten sind **eng- oder weitmaschig vernetzt.** Bei der Reaktion wird kein anderer Stoff abgespalten. ______________________________

Name:	Klasse:	Datum:

C Einteilung der Kunststoffe

① Kunststoffe werden nach ihrem inneren Aufbau in drei Gruppen eingeteilt (siehe Abbildungen).

Beschreiben Sie
a) die jeweilige Gruppe,
b) die Struktur (Vernetzung) der Molekülfäden,
c) wie sich der jeweilige Kunststoff verhält, wenn er erwärmt wird.

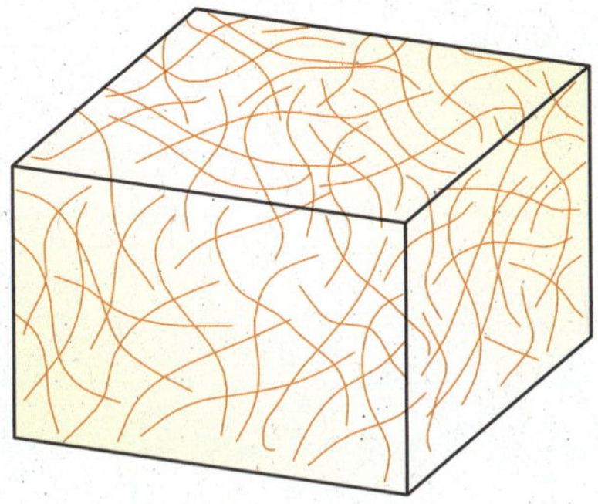

a) Gruppe: ______________________
b) Art der Vernetzung: ______________________
c) Verhalten bei Erwärmung: ______________________
____
____

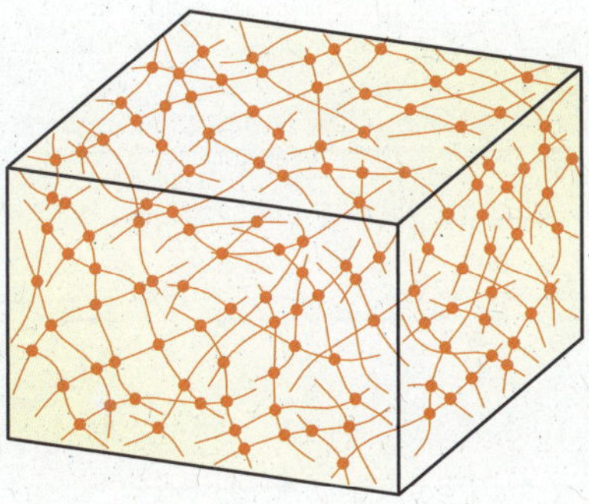

a) Gruppe: ______________________
b) Art der Vernetzung: ______________________
c) Verhalten bei Erwärmung: ______________________
____
____

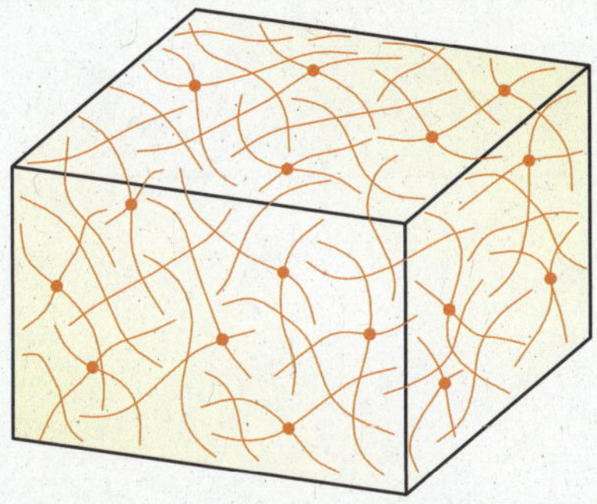

a) Gruppe: ______________________
b) Art der Vernetzung: ______________________
c) Verhalten bei Erwärmung: ______________________
____
____

② Wie reagieren alle Kunststoffe, wenn sie zu stark erwärmt werden?

____

D Thermoplaste

① Notieren Sie mithilfe Ihres Tabellenbuchs
a) die vollständige Bezeichnung des Kunststoffs,
b) Eigenschaften und Verwendungsbeispiele.

Kurz-zeichen	Bezeichnung	Eigenschaften und Verwendung
PE		Hochdruck-PE (weich): ______ Niederdruck-PE (steif): ______
PVC		Hart-PVC: ______ Weich-PVC: ______
PS		schlagfestes PS: ______ geschäumtes PS: ______
PP		
PMMA		
PTFE		
PA		
PC		
POM		

② Was sind Polymerblends (Polyblends)?

Name: | Klasse: | Datum:

E Duroplaste

① Wozu werden Duroplaste verwendet?

Duroplaste

als flüssiges Vorprodukt („Harze")

ausgehärtet (nach Zugabe eines Härters)

zusammen mit Füllstoffen

② Welche Duroplaste sind mit den folgenden Kurzzeichen gemeint? (vgl. Tabellenbuch)

UP	
EP	

③ Warum werden Duroplaste häufig mit sog. Füllstoffen gemischt?

Duroplaste + Füllstoffe →

Welche Stoffe werden als Füllstoffe verwendet?

④ Wie bezeichnet man Epoxid- und Polyesterharze, die mit Glasfasern und Kohlefasern verstärkt sind? (vgl. Tabellenbuch „Verbundwerkstoffe")

Zugfestigkeit:

Verwendungsbeispiele:

F Elastomere (Kautschuke)

① Welche besondere Eigenschaft haben alle Elastomere?

② Notieren Sie mithilfe Ihres Tabellenbuchs
a) die vollständigen Bezeichnungen der Kunststoffe,
b) Eigenschaften und Verwendungsbeispiele.

Kurz-zeichen	Bezeichnung	Eigenschaften und Verwendung
NR		
PUR		
SIR		
SBR		
BR		

G Entsorgung von Kunststoffen

Bei der Entsorgung von Kunststoffmüll entstehen Umweltprobleme. Nennen Sie die Probleme bei den folgenden Entsorgungsverfahren.

Verfahren	Art des Problems
Recycling	
Lagerung auf Mülldeponien	
Müllverbrennung	

Name:	Klasse:	Datum:

A Denken in größeren Zusammenhängen

① Die Arbeit jedes Einzelnen wirkt weit über ihn und seinen Arbeitsplatz hinaus.
Verbinden Sie mit Strichen (Geraden, Bögen) die Gesichtspunkte, die zusammenhängen.

Betriebskosten

Verdienst

umweltschonende Materialien und Fertigungsverfahren

Wiederverwendung alter Teile

Lebensgrundlagen künftiger Generationen

Konkurrenzfähigkeit

sparsamer Umgang mit Materialien

Recycling (Rückgewinnung wertvoller Stoffe aus Abfällen)

eigene Gesundheit und Gesundheit anderer

Umgang mit problematischen Stoffen (Öle, Lacke, Lösungsmittel u. a.)

② In einer Schrift des Landesgewerbeamts Baden-Württemberg, herausgegeben für metallverarbeitende Betriebe, steht:

> Ohne Frage hat sich die ökologische Situation weltweit verschärft und verschärft sich weiter. Unsere jetzige Wirtschaftsweise läuft in eine Sackgasse. <u>So, wie wir produzieren und konsumieren, ist in unserer heutigen Welt nicht mehr verantwortbar.</u> Der Klage und Kritik an der Umweltpolitik kann daher nicht mit Umweltschutz ja oder nein begegnet werden. Es gibt keine Alternative. <u>Wir werden unsere natürlichen Lebensgrundlagen nur sichern, wenn wir Umweltschutz ganz selbstverständlich im Alltag praktizieren.</u> Dies gilt ganz allgemein und in besonderem Maß für den betrieblichen Alltag.

a) Erläutern Sie mündlich die beiden unterstrichenen Sätze.

b) Welcher grundsätzliche Zusammenhang zwischen Mensch und Welt wird in der Schrift angedeutet?

B Abfallbehandlung in Metallbetrieben

Wie sollen die folgenden, in Metallbetrieben vorkommenden Abfälle entsorgt werden? Kreuzen Sie an.

Abfallart	Rückgabe an Lieferanten	an Schrotthändler	zu Haus-/Gewerbemüll	zu Sondermüllannahme	Bemerkungen
Metallabfälle					
Altöl, Getriebeöl, Hydrauliköl					
Putzlappen (öl-, fettverschmiert)					
Kühlschmierstoffe, Bohremulsionen (aus **mineralischen** Ölen)					
Kühlschmierstoffe, Bohremulsionen (aus **synthetischen** Ölen)					
Metallschleifschlamm mit Anteilen von Kühlschmierstoffen					
Dosen mit Farben, Klebern, Härtern, Reinigern					
a) leer (spachtel- oder pinselrein)					
b) eingetrockneter Inhalt					
c) flüssiger Inhalt					
Lösungsmittel (Waschbenzin, Terpentin u. a.)					
Akkus für Bohrmaschinen, Schrauber					
Kunststoffe					

Name: | Klasse: | Datum:

A Bereiche der Instandhaltung

① Was versteht man unter Instandhaltung eines technischen Systems nach DIN 31051?

Instandhaltung ≙ ____________________

____

② Welche vier Instandhaltungsbereiche unterscheidet man?

________	________	________	________
Maßnahmen, die den Abbau des vorhandenen Abnutzungsvorrats (z.B. Gleitlager) verzögern	Maßnahmen, die den Istzustand feststellen, die Ursachen der Abnutzung ermitteln und notwendige Konsequenzen für die künftige Nutzung festlegen	Maßnahmen, die den funktionsfähigen Zustand wiederherstellen	Maßnahmen, die der technischen Verbesserung, der Steigerung von Wirtschaftlichkeit und Sicherheit sowie einer geringeren Abnutzung dienen
↓	↓	↓	↓
Beispiele:	Beispiele:	Beispiele:	Beispiele:
________	________	________	________

B Ziele der Instandhaltung

① Welche wirtschaftlichen Ziele verfolgt die Instandhaltung?

____

② Welche humanitären Ziele hat die Instandhaltung?

____

③ Welche ökologischen Ziele hat die Instandhaltung?

____

C Begriffe der Instandhaltung

① Die Bauteile in technischen Systemen haben meist nur eine begrenzte Nutzungszeit. Was versteht man dabei unter „Abnutzung“ und „Abnutzungsvorrat“?

② Bei der Abnutzung unterscheidet man drei Ursachen: Verschleiß, Alterung, Korrosion. Erläutern Sie diese Ursachen.

③ Die Abnutzung erfolgt nicht gleichmäßig über die Nutzungsdauer. Erklären Sie anhand der Zeichnung die drei Phasen der Verschleißkurve eines Gleitlagers.

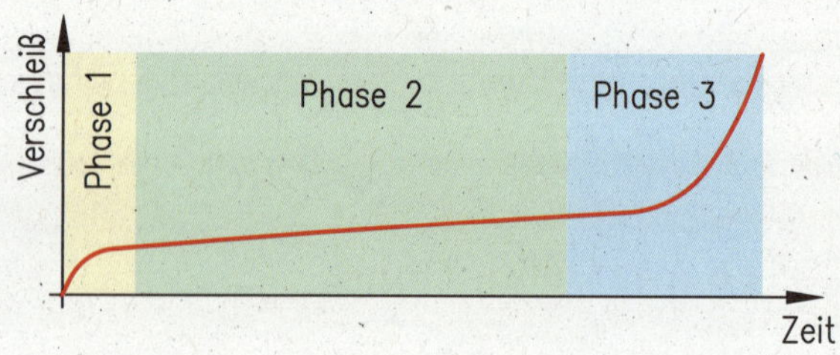

Name:	Klasse:	Datum:

A Verschleißmechanismen, Reibung und Schmierung

① Bei der Beurteilung von Verschleißerscheinungen kann die Tribologie (Wissenschaft von Reibung, Verschleiß und Schmierung) hilfreich sein.
Erläutern Sie die folgenden vier Verschleißursachen.

Adhäsion: ______________________________

____

____

Abrasion: ______________________________

____

Zerrüttung: ______________________________

____

Tribochemische Reaktion: ______________________________

____

② Welche Aufgabe hat der Schmierfilm zwischen den Bauteilen (hier: Lager und Welle)?

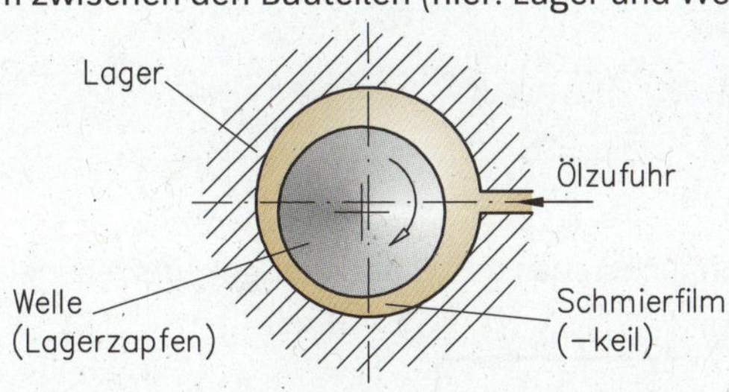

____

____

③ Welche Reibungszustände unterscheidet man bezüglich der Schmierung?

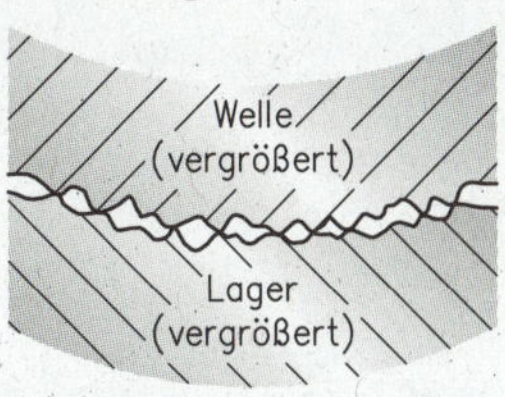

____

Verschleiß:

____

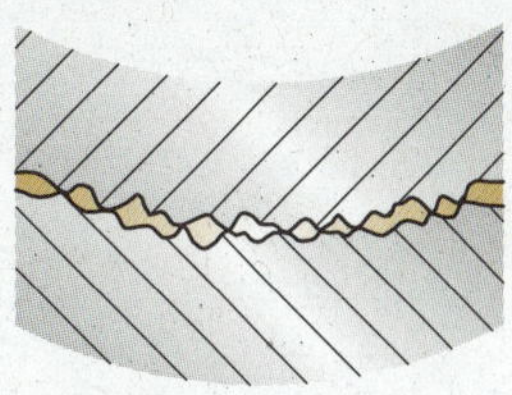

____

Verschleiß:

____

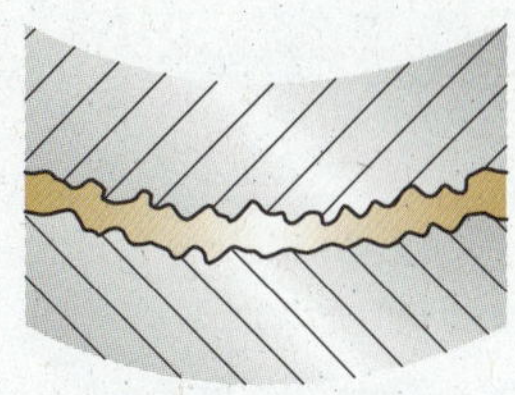

____

Verschleiß:

____

④ Unter welchen Bedingungen kommt es bei Bauteilen zu einer Mischreibung?

a) ______________________________

b) ______________________________

B Schmierung und Schmierstoffe

① Welche Anforderungen werden an einen guten Schmierstoff gestellt?

gute Schmierstoffe

② Was versteht man unter der Viskosität eines Schmierstoffs?

Viskosität ≙

Welchen Einfluss auf die Viskosität eines Schmierstoffs hat eine steigende Temperatur?

③ Welche Möglichkeiten gibt es grundsätzlich, den Schmierstoff an die zu schmierenden Stellen zu bringen?

④ Schmierstoffe werden durch Kennbuchstaben und Sinnbilder gekennzeichnet.

a) Wofür stehen die Sinnbilder?

  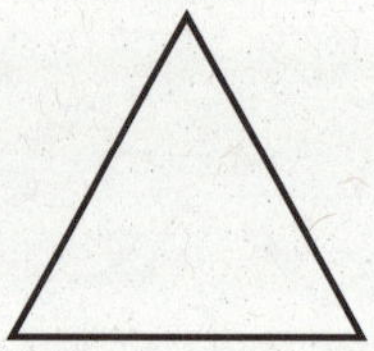 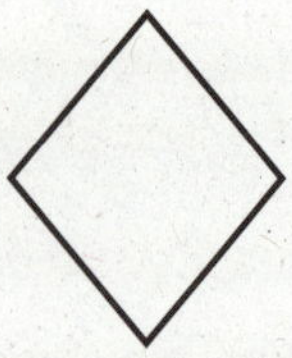

b) Erläutern Sie die Beispiele.

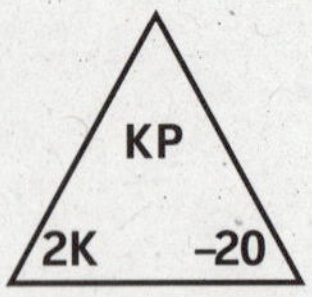

Name:	Klasse:	Datum:

⑤ Welche besonderen Eigenschaften oder Verwendungszwecke haben die folgenden Arten von Schmierstoffen?

Mineralöle	
synthetische Öle	
Schmierfette	
Festschmierstoffe	

⑥ Welche Stoffe werden als Festschmierstoffe verwendet.

Festschmierstoffe

⑦ Welche Aufgaben hat ein Schmieröl in einem Zahnradgetriebe?

A Bedeutung der Wartung

① Eine CNC-Fräsmaschine erleidet einen Maschinenschaden und steht still. Welche Kosten entstehen dadurch dem Betrieb?

Maschinen-schaden

Kosten durch ____________________

Kosten durch ____________________

② Welche Folgen haben diese Kosten?
Setzen Sie die folgenden Begriffe in der richtigen Reihenfolge in die Ursache-Wirkung-Kette ein:
Beeinträchtigung der Konkurrenzfähigkeit – Verteuerung der Produkte – Gefährdung der Arbeitsplätze

Kosten durch Maschinenschaden

⇓

____

⇓

____

⇓

____

③ Welche Möglichkeiten sehen Sie, das Risiko von Maschinenschäden und damit von unnötigen Kosten im Betrieb zu verringern?
Nennen Sie einige praktische Maßnahmen.

a) ____________________

b) ____________________

c) ____________________

d) ____________________

e) ____________________

f) ____________________

g) ____________________

Name:	Klasse:	Datum:

B Funktionsbeeinträchtigungen

① Technische Geräte und Maschinen werden durch ihren Gebrauch immer beeinträchtigt. Nennen Sie für den Ausfall von Maschinenteilen drei Hauptursachen, auf deren negative Auswirkungen der Maschinenbediener nur beschränkt Einfluss hat.

unbrauchbare Maschinenteile

② Nennen Sie Maschinenteile, die dem Verschleiß besonders ausgesetzt sind.

C Wartungsfreundlichkeit

Die Wartung einer Werkzeugmaschine ist aus Kostengründen (vgl. Aufgabe A) unbedingt notwendig; andererseits ist die Wartungszeit selbst ein Kostenfaktor, da während dieser Zeit nicht produziert wird.

① Welche Grundforderungen gelten deshalb für die Wartung einer Maschine?

Je ______ eine Maschine gewartet werden muss, umso besser.

Je ______ eine Maschine gewartet werden kann, umso besser.

② Mit welchen Maßnahmen bzw. Vorkehrungen kann der Konstrukteur einer Maschine ihre Wartungsfreundlichkeit erhöhen?

wartungsfreundliche Maschine

D Warten nach Schmierplan

① Welches Schmierverfahren ist hier dargestellt und was bedeuten die Symbole (nach DIN 8659)?

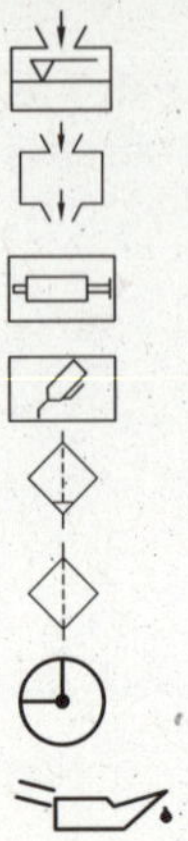

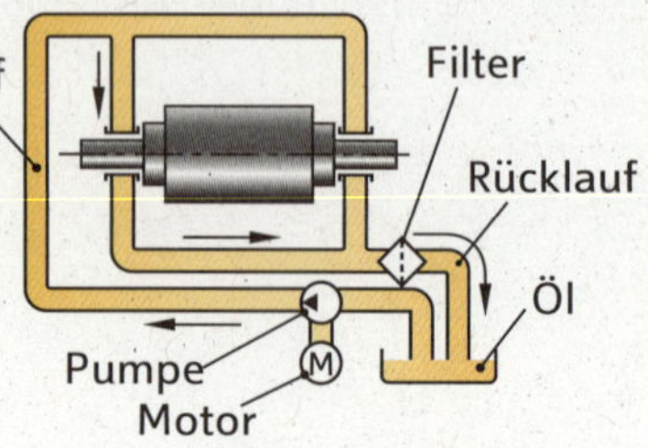

(Schmierverfahren)

② Durch eine Ölprobe (ggf. im Labor) kann die Beschaffenheit eines Schmieröls beurteilt werden.
Nennen Sie jeweils mögliche Ursachen für die drei genannten Zustände.

Zustand	Ursache
Trübung	
Verfärbung	
Dunkelfärbung	

③ Was ist beim Umgang (Lagerung, Entsorgung) mit Schmierstoffen zu beachten?

Wassergefährdungsklasse	Bedeutung
WGK 0	kaum wassergefährdend
WGK 1	schwach wassergefährdend
WGK 2	wassergefährdend
WGK 3	stark wassergefährdend

Gefahrenklasse	Flammpunkt
A I	unter 21 °C
A II	21 °C bis 55 °C
A III	über 55 °C bis 100 °C
B	unter 21 °C, wasserlöslich

Sammelkategorie	Bedeutung
Kategorie 1	Aufarbeitung
Kategorie 2	Weiterverwertung
Kategorie 3	Sondermüll
Kategorie 4	biologisch abbaubar

④ Bei der Verwendung von Kühlschmierstoffen sind u.a. die Vorschriften der Gefahrstoffverordnung, die Regeln der Berufsgenossenschaft und die Technischen Regeln für Gefahrstoffe zu beachten.
Welche Messungen verlangt die TRGS 611 (www.baua.de)?

Messungen beim Ansetz-/Nachfüllwasser:

Messungen beim gebrauchten wassergemischten KSS (Kühlschmierstoff):

Name:	Klasse:	Datum:

A Wirkungen des elektrischen Stroms

Welche Wirkungen des elektrischen Stroms werden in der Praxis angewendet?

Wirkungen

______	______	______	______
Anwendungsbeispiele: Elektroschweißen Lötkolben Heizplatte Härteofen	Anwendungsbeispiele: Leuchtstofflampe LED-Lampe Halogenlampe	Anwendungsbeispiele: Elektromotor Schaltrelais Lastmagnet	Anwendungsbeispiele: Batterie Eloxieren Galvanisieren

B Elektrischer Strom und elektrische Leiter

① Was versteht man unter elektrischem Strom?

Der elektrische Strom hängt mit dem Atomaufbau zusammen. Ein Atom (Beispiel: C-Atom) besteht aus:

Atomkern a) ______ ; elektr. Ladung: ______

b) ______ ; elektr. Ladung: ______

Atomhülle c) ______ ; elektr. Ladung: ______

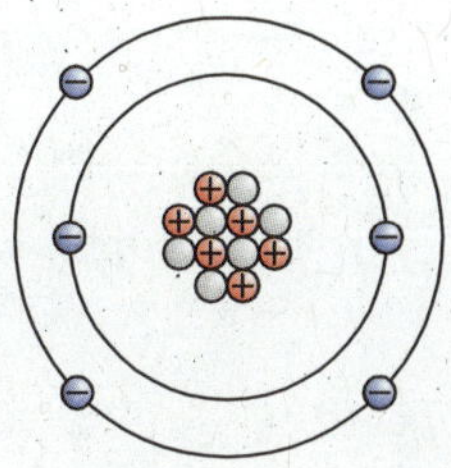

Modell des C-Atoms (nach Niels Bohr)

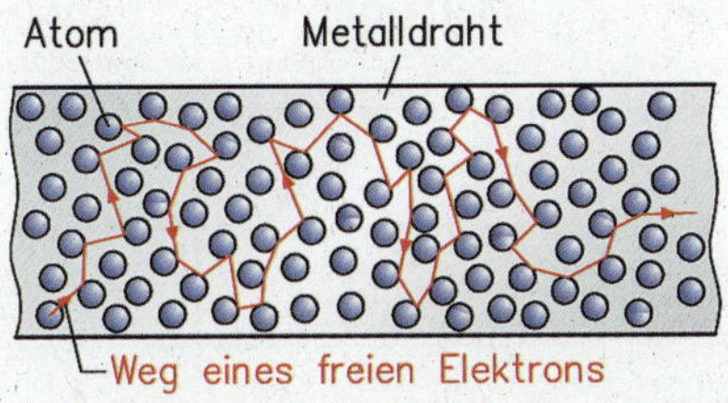

Bei manchen Stoffen, vor allem Metallen, können sich unter dem Einfluss bestimmter Kräfte – „Spannung" genannt – einzelne Elektronen aus dem Atomverband lösen und von Atom zu Atom wandern. Diese Elektronen nennt man

______

Man bezeichnet das Fließen dieser freien Elektronen (in Metallen) als

______

② Was versteht man unter elektrischen Leitern bzw. Nichtleitern?

Elektrische Leiter	**Elektrische Nichtleiter (Isolatoren)**
sind Stoffe mit ______ **freien Elektronen.**	sind Stoffe mit ______ **freien Elektronen.**
Beispiele: ______	Beispiele: ______

③ Was versteht man unter elektrischen Halbleitern?

Halbleiter sind kristalline Werkstoffe, ______

______

Beispiele:

______

C Stromkreis

Der Elektronenstrom kann mit einem geschlossenen Wasserstromkreis verglichen werden.

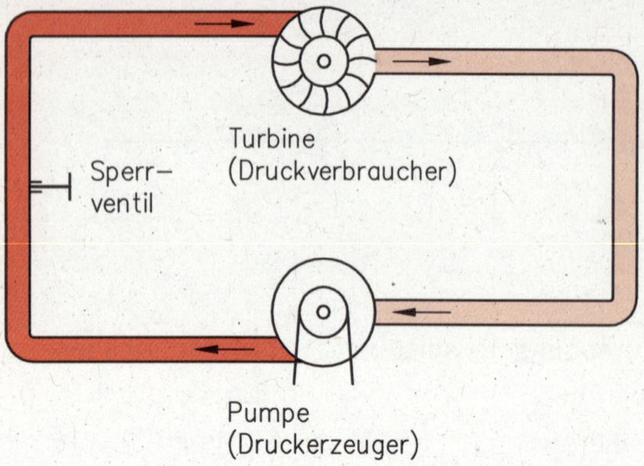

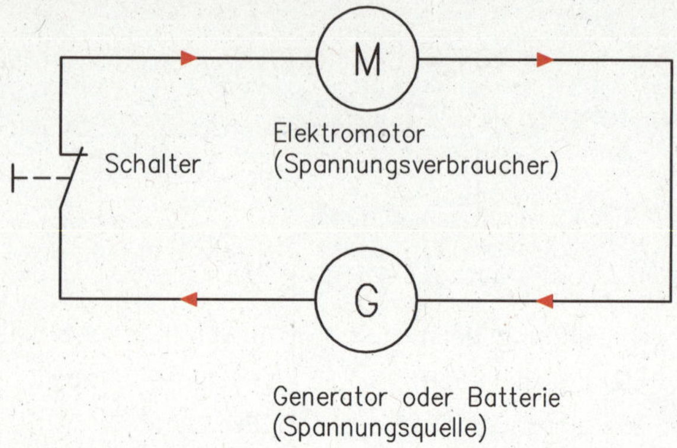

① Vergleichen Sie die beiden Leitungssysteme. Welche Erkenntnisse lassen sich daraus für den elektrischen Strom ableiten? (Beachten Sie immer, dass es sich nur um einen **Vergleich** handelt.)

a) Der elektrische Strom fließt nur, wenn der Stromkreis ______________________ ist.

b) Dem Unterschied des Wasserdrucks beim Austritt des Wassers aus der Pumpe und vor Wiedereintritt in die Pumpe entspricht die elektrische ______________________

c) Der Wassermenge, die pro Sekunde durch den Rohrquerschnitt fließt, entspricht die elektrische

____

d) Dem Druckverlust des Wassers durch die Turbine und durch die Reibung des Wassers entspricht der elektrische

____

② Welche Formelzeichen und Maßeinheiten haben die elektrischen Grundgrößen?

Beschreibung der elektrischen Größe	Bezeichnung der elektrischen Größe	Formelzeichen	Maßeinheit	Kurz-zeichen
elektronenbewegende Kraft				
Menge der fließenden Elektronen je Sek.				
Behinderung des Elektronenflusses				

③ Welcher Zusammenhang besteht zwischen diesen Größen?

Die **Stromstärke** ist umso **größer**, je ______________________

____

Daraus folgt: Stromstärke = ——— $I = -$ (ohmsches Gesetz)

④ Wovon hängt die Größe des elektrischen Widerstands ab?

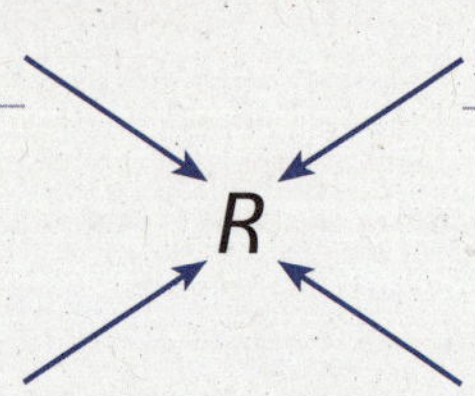

Name: | Klasse: | Datum:

D Erzeugung von elektrischer Spannung

Voraussetzung für das Fließen eines elektrischen Stroms ist das Vorhandensein einer elektrischen Spannung. Diese kann auf unterschiedliche Weise erzeugt werden.

Ergänzen Sie die Tabelle.

	Art der Spannungserzeugung	Energieumwandlung	technische Anwendung
a) 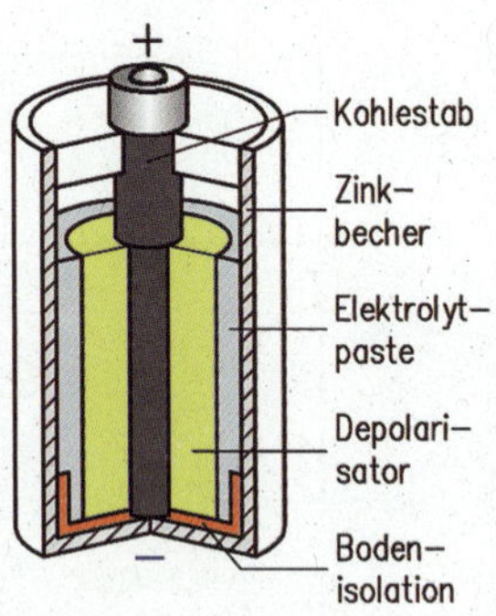	Spannungserzeugung durch Prinzip:	↓ elektrische Energie Stromart:	
b) 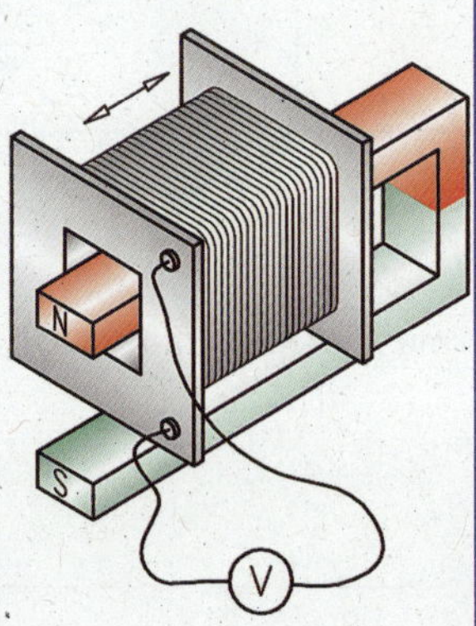	Spannungserzeugung durch Prinzip:	↓ elektrische Energie Stromart:	
c) 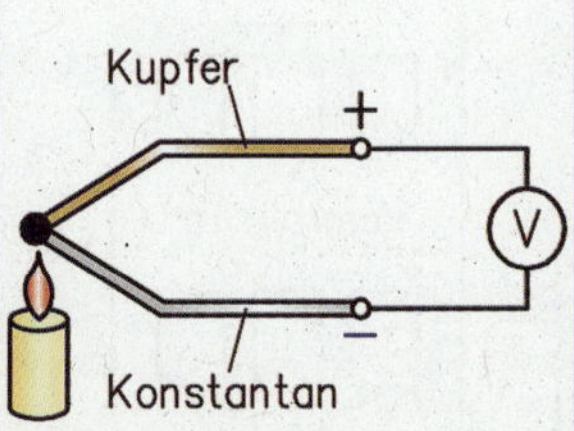	Spannungserzeugung durch Prinzip:	↓ elektrische Energie Stromart:	

	Art der Spannungserzeugung	Energieumwandlung	technische Anwendung
d) 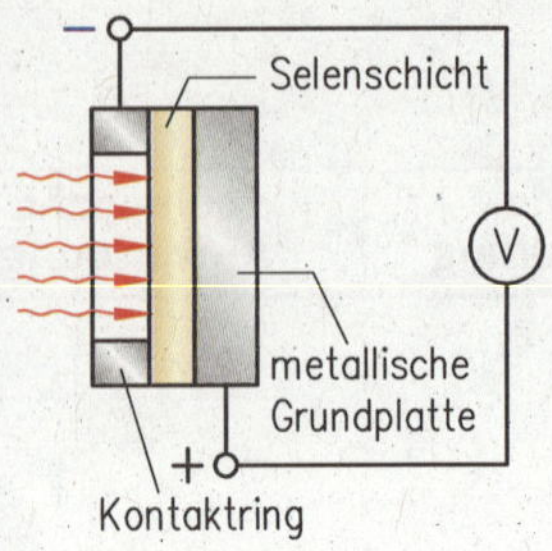	Spannungserzeugung durch Prinzip:	↓ elektrische Energie Stromart:	
e) 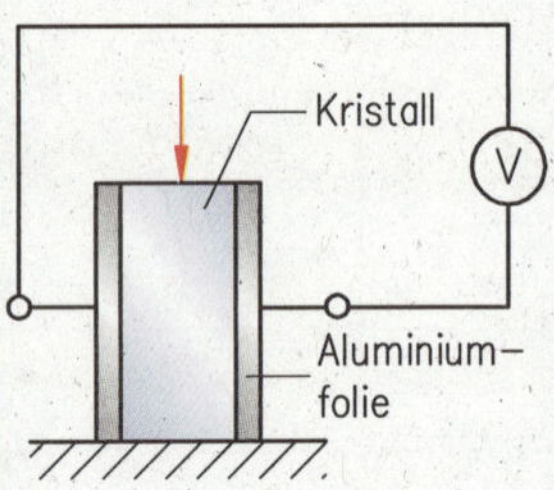	Spannungserzeugung durch Prinzip:	↓ elektrische Energie Stromart:	

E Verteilung von elektrischer Spannung

① Die im Elektrizitätswerk erzeugte Spannung ist für den Verbraucher viel zu hoch; sie muss deshalb auf niedrigere Spannungen transformiert (umgespannt) werden.
Notieren Sie über den „Freileitungen" die Fachbezeichnungen für die jeweiligen Spannungen.

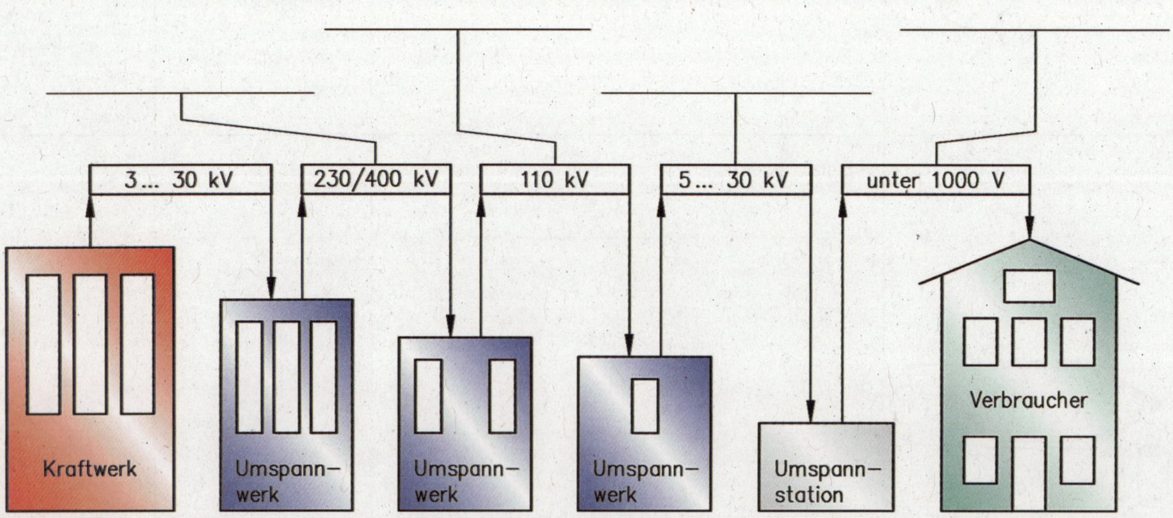

(Die ursprünglich niedrigere Spannung beim Kraftwerk wird wegen des Stromtransports hochtransformiert.)

② Mit welcher genauen Spannung wird der Strom den Verbrauchern geliefert?

Verbraucherspannung: ________ V und ________ V

Name: | Klasse: | Datum:

F Chemische Spannungserzeugung

① Worauf beruht die chemische Spannungserzeugung?

Tauchen zwei unterschiedliche Metallplatten oder eine Metall- und eine Kohlenstoffplatte in einen Elektrolyten (stromleitende Flüssigkeit), so entsteht zwischen den unterschiedlichen Platten eine

____

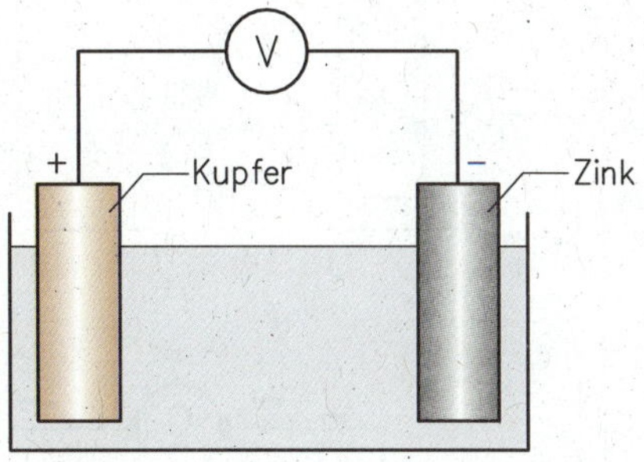

Man bezeichnet eine solche Anordnung zur Erzeugung einer elektrischen Spannung als

Für die erzeugte elektrische Spannung gilt:

Die elektrische Spannung ist umso größer, je

____

____

Spannungsreihe:

Leiter	**V**
Gold	+1,50
Silber	+0,80
Kohle	+0,74
Kupfer	+0,35
Wasserstoff	**0**
Blei	−0,12
Zinn	−0,14
Nickel	−0,23
Kadmium	−0,40
Eisen	−0,44
Chrom	−0,56
Zink	−0,76
Aluminium	−1,68
Magnesium	−2,34

Ermitteln Sie die elektrische Spannung bei den galvanischen Elementen

Cu/Zn (s. oben): _____ V

C/Zn: _____ V (Taschenlampenbatterie)

② Von den beiden Werkstoffen eines galvanischen Elements wird derjenige chemisch aufgelöst oder umgewandelt, der in der Spannungsreihe niedriger liegt (≙ Minuspol). Kennzeichnen Sie in der Skizze oben den Werkstoff mit X, der diesem Prozess unterliegt.

③ Wann endet die Spannung und damit der Elektronenfluss?

____

④ Was versteht man unter einer Batterie und welchen Zweck hat sie?

Batterie = _______________

Zweck: _______________

____

⑤ Was versteht man unter einem Akkumulator?

____

____

____

Beispiele für Akkumulatoren: _______________

____

G Stromspeicherung – Beispiel: Autobatterie

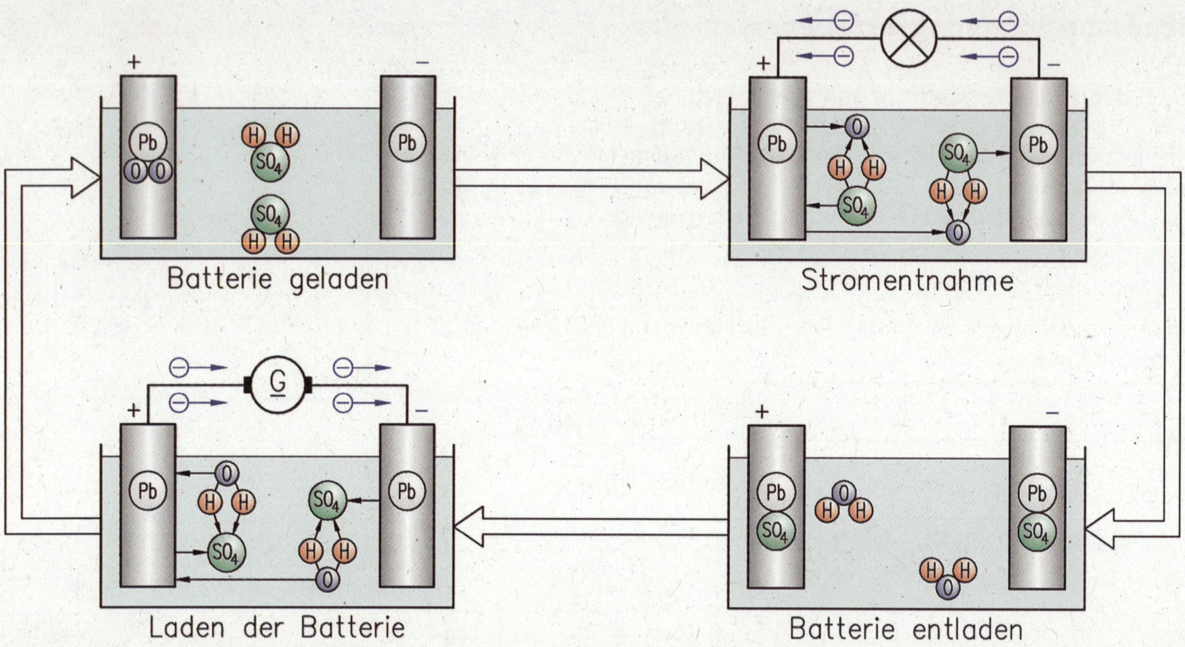

① Zwischen welchen Werkstoffen besteht in der Autobatterie eine elektrische Spannung?

Pluspol: ______________________

Minuspol: ______________________

② Welche elektrochemischen Vorgänge laufen beim Entladen ab?

a) Die verdünnte Schwefelsäure (__________), die als Elektrolyt dient, wird aufgespalten in Wasserstoff (__________) und den Säurerest (__________).

b) Das Bleidioxid (__________) der **Plusplatte** wird aufgespalten in Blei (__________) und Sauerstoff (__________). Das freigewordene Blei (__________) verbindet sich mit dem Säurerest (__________) des Elektrolyts zu Bleisulfat (__________). Der frei gewordene Sauerstoff (__________) verbindet sich mit dem Wasserstoff (__________) des Elektrolyts zu Wasser (__________).

c) Das Blei (__________) der **Minusplatte** verbindet sich mit dem Säurerest (__________) des Elektrolyts zu Bleisulfat (__________).

d) Die Batterie ist entladen, wenn ______________________

____

Name: | Klasse: | Datum:

H Reihenschaltung und Parallelschaltung

① Wie bezeichnet man die skizzierten Schaltungen? Welche Gesetze gelten dabei jeweils?

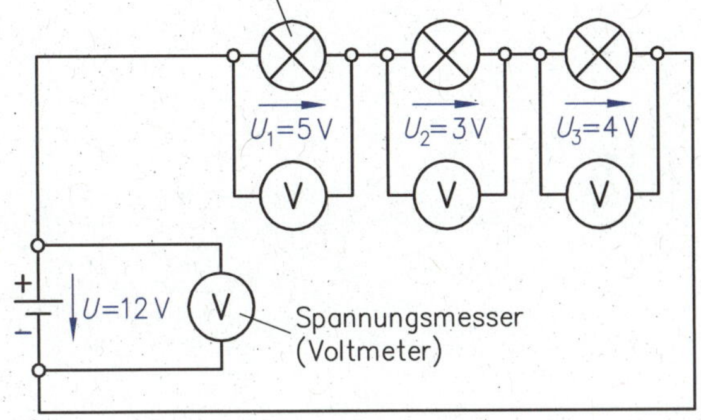

____

____

a) Bei dieser Schaltung ist die

__________ überall **gleich**.

b) Für die Spannung gilt:

$U =$ __________

c) Für den Widerstand gilt:

$R =$ __________

U ≙ Gesamtspannung
U_1 ≙ 1. Teilspannung; U_2 ≙ ...
R ≙ Gesamtwiderstand
R_1 ≙ 1. Einzelwiderstand; R_2 ≙ ...

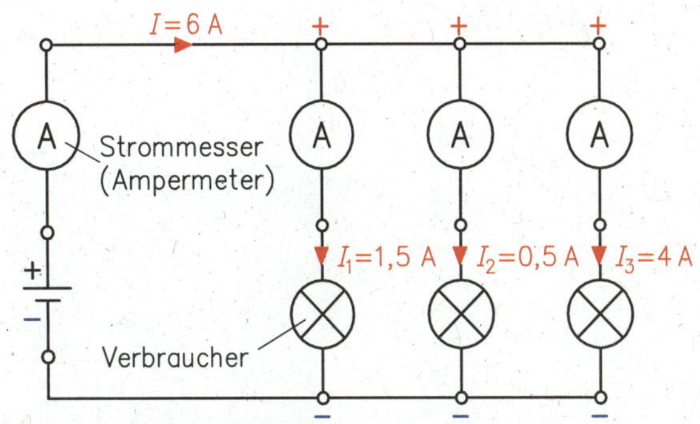

____

____

a) Bei dieser Schaltung ist die

__________ überall **gleich**.

b) Für die Stromstärke gilt:

$I =$ __________

c) Für den Widerstand gilt:

$\frac{1}{R} = \frac{1}{\ } \quad \frac{1}{\ } \quad \frac{1}{\ } \ldots$

I ≙ Gesamtstromstärke
I_1 ≙ 1. Teilstrom; I_2 ≙ ...

② Welche Vorteile hat die Parallelschaltung von Verbrauchern gegenüber der Reihenschaltung?

____

____

____

____

I Leistung und Arbeit

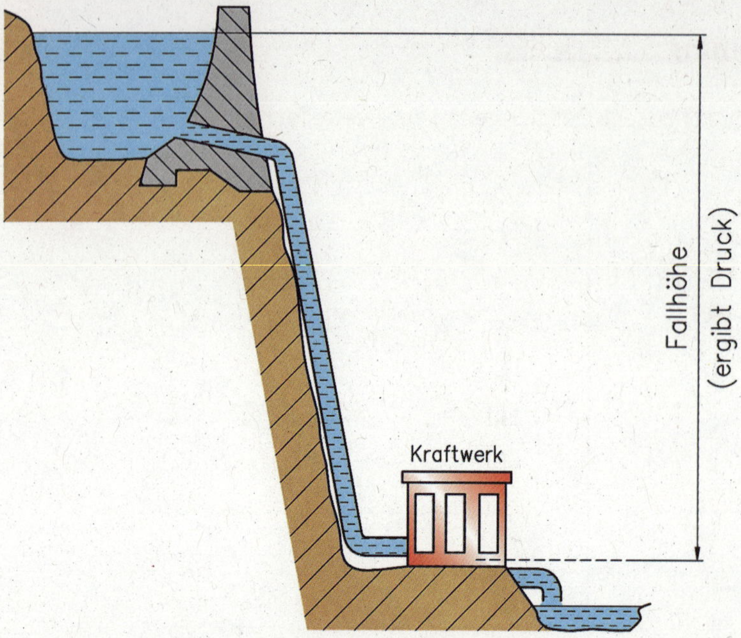

① Erläutern Sie anhand der Skizze, wovon die Leistung der Turbine des Wasserkraftwerks abhängt.

1. ______________________
2. ______________________

→ **Turbinen-leistung**

Vergleich mit dem elektrischen Stromkreis:

Wasserfallhöhe ≙ ______________________

Wassermenge/s ≙ ______________________

② Für die elektrische Leistung gilt demnach:

Leistung = ____________ • ____________

P = ____________ • ____________

Die elektrische Leistung wird gemessen in ____________ (____).

1 W = 1 ________ • 1 ________

③ Misst man die Zeit, in der eine bestimmte elektrische Leistung erbracht wird, so spricht man von elektrischer Arbeit. Für die elektrische Arbeit gilt demnach:

Arbeit = ____________ • ____________

W = ____________ • ____________

Die elektrische Arbeit wird gemessen in ____________ (____) und in

____________ (____).

1 Ws = 1 ______ • 1 ______

1 Ws wird auch 1 Joule (J) genannt.

1 kWh = 1000 ____ • 3600 ____ = 3600000 ____

Name: ____________________ Klasse: ____________ Datum: ____________

J Fehlerquellen an elektrischen Anlagen

① Ab welcher Größe kann der elektrische Strom für den Menschen lebensgefährlich werden?

Lebensgefahr! Stromstärke **über** ________ A (= ________ mA) **Lebensgefahr!**

Spannung **über** ________ V

② Durch Mängel (z. B. an der elektrischen Isolierung) kann an einer elektrischen Anlage u. a. ein Kurzschluss, Erdschluss oder Körperschluss auftreten.
Ordnen Sie diese Begriffe den folgenden Skizzen zu.

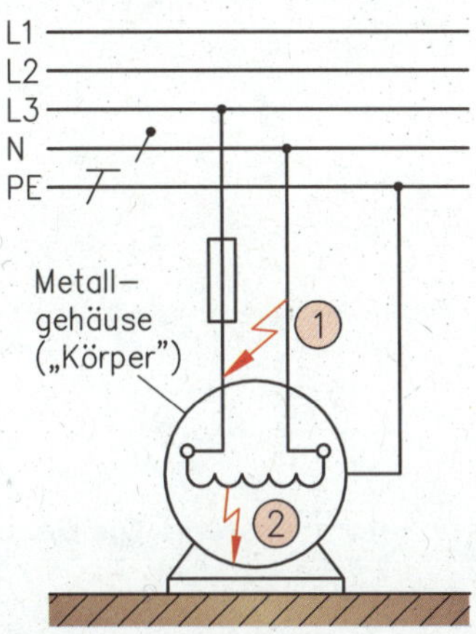

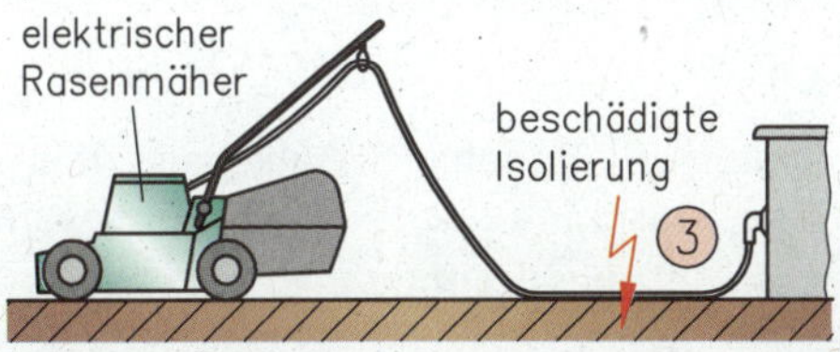

① ____________________

② ____________________

③ ____________________

K Sicherheitsvorkehrungen

① Welche Schutzmaßnahmen gegen lebensgefährdende Defekte an elektrischen Anlagen werden häufig angewendet?

a) ____________________
Prinzip: ____________________

b) ____________________
Prinzip: ____________________

c) ____________________
Prinzip: ____________________

d) ____________________
Prinzip: ____________________

② Die einzelnen Adern elektrischer Leitungen sind durch Farben gekennzeichnet. Was bedeuten die folgenden Farben?

230 V Wechselstrom	grün-gelb hellblau schwarz	
400 V Drehstrom	grün-gelb hellblau braun/schwarz/braun	

Planeten-Spiralkegelgetriebe

Typ PSK2 FS 00-20.1-00

Welche Unterlagen sind für die Herstellung einer Baugruppe, z.B. dieses Getriebes, erforderlich?

1. ______________________________
2. ______________________________
3. ______________________________
4. ______________________________
5. ______________________________

A Gesamtzeichnung

Die Zeichnung unten ist die Gesamtzeichnung des Planeten-Spiralkegelgetriebes.

Eine Gesamtzeichnung zeigt eine Anlage, Maschine oder ein Gerät in zusammengebautem Zustand. Die Darstellung erfolgt im Vollschnitt oder als Explosionszeichnung.

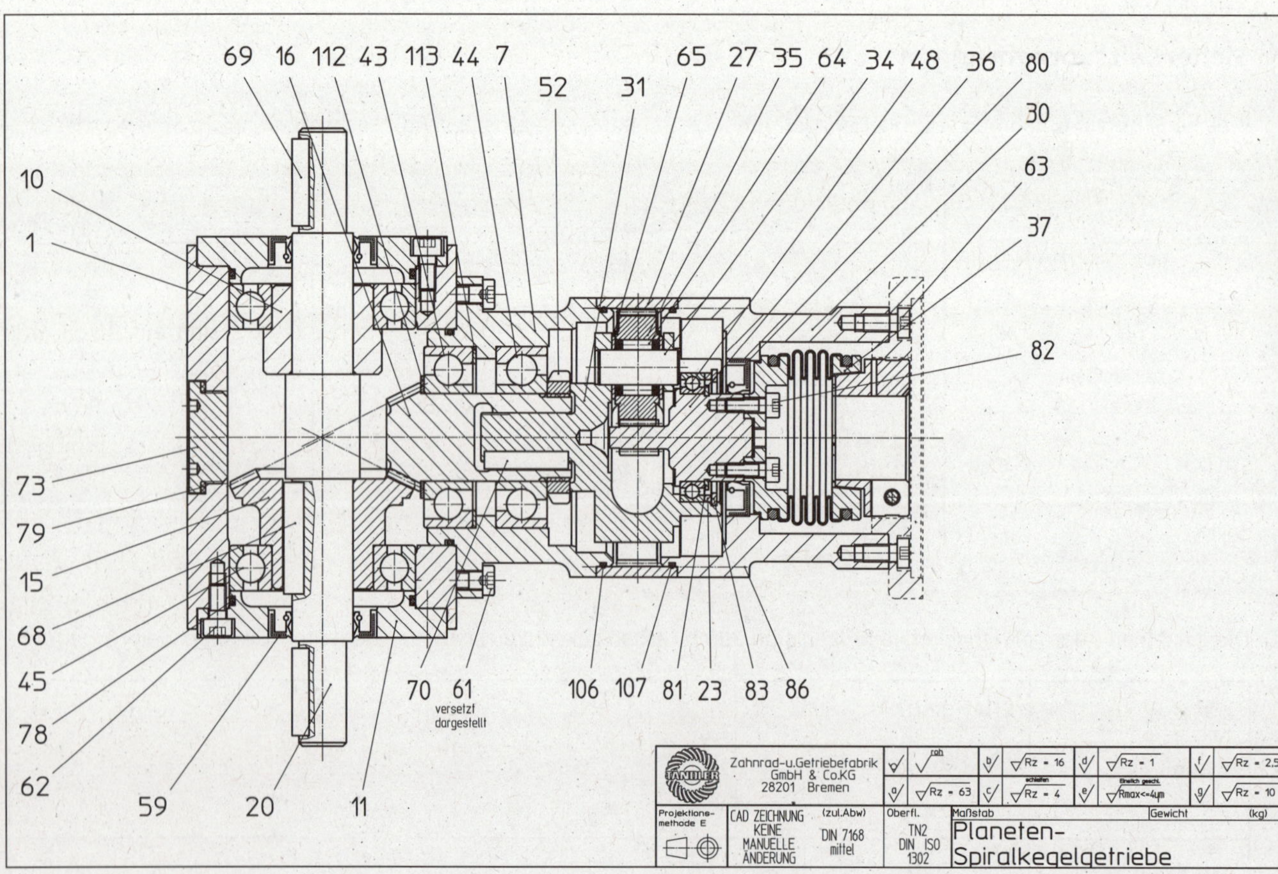

Name:	Klasse:	Datum:

B Stückliste

Planeten-Spiralkegelgetriebe Typ: PSK2 FS 00-20.1; i=20:1; (Die Stückliste ist hier ohne Teile-nummer und aus Platzgründen unvollständig wiedergegeben.)

Stück	Benennung	Normblatt	Werkstoff	Pos.-Nr.	Teile-Nr.
1	Gehäuse		EN-GJL-250	1	
1	Zwischenflansch		C45	7	
1	Lagerring		16MnCr5	10	
2	Abtriebsdeckel		EN-GJL-250	11	
1	Tellerrad		16MnCr5	15	
1	Hohlritzel		16MnCr5	16	
1	Abtriebswelle		C60	20	
1	Distanzring		S235JR	23	
1	Hohlradgehäuse		42CrMoS4	27	
1	Antriebsgehäuse		EN-GJL-250	30	
1	Planetenträger		16MnCr5	31	
3	Planetenbolzen		16MnCr5	34	
3	Planetenrad		16MnCr5	35	
1	Sonnenritzel		16MnCr5	36	
1	Balgkupplung PL2 FS			37	
1	Schrägkugellager 7205B 2RS	DIN 628		43	
1	Schrägkugellager 7205B 2RS	DIN 628		44	
2	Rillenkugellager 6006 2RS	DIN 625		45	
1	Rillenkugellager 61805 2RS	DIN 625		48	
1	Nutmutter KM5	DIN 981		52	
				59	
				62	
				68	
				69	

① Ergänzen Sie die Stückliste um die Positionen 59, 62, 68 und 69. Die betreffenden Einzelteile sind auf S. 108 und S. 110 abgebildet.

② Welche Aufgabe muss eine Stückliste erfüllen?

③ Welche Regeln gelten für die Erstellung einer Stückliste?

④ In welcher Reihenfolge werden die Teile nummeriert?

a: ______________________ b: ______________________

C Einzelteilzeichnung

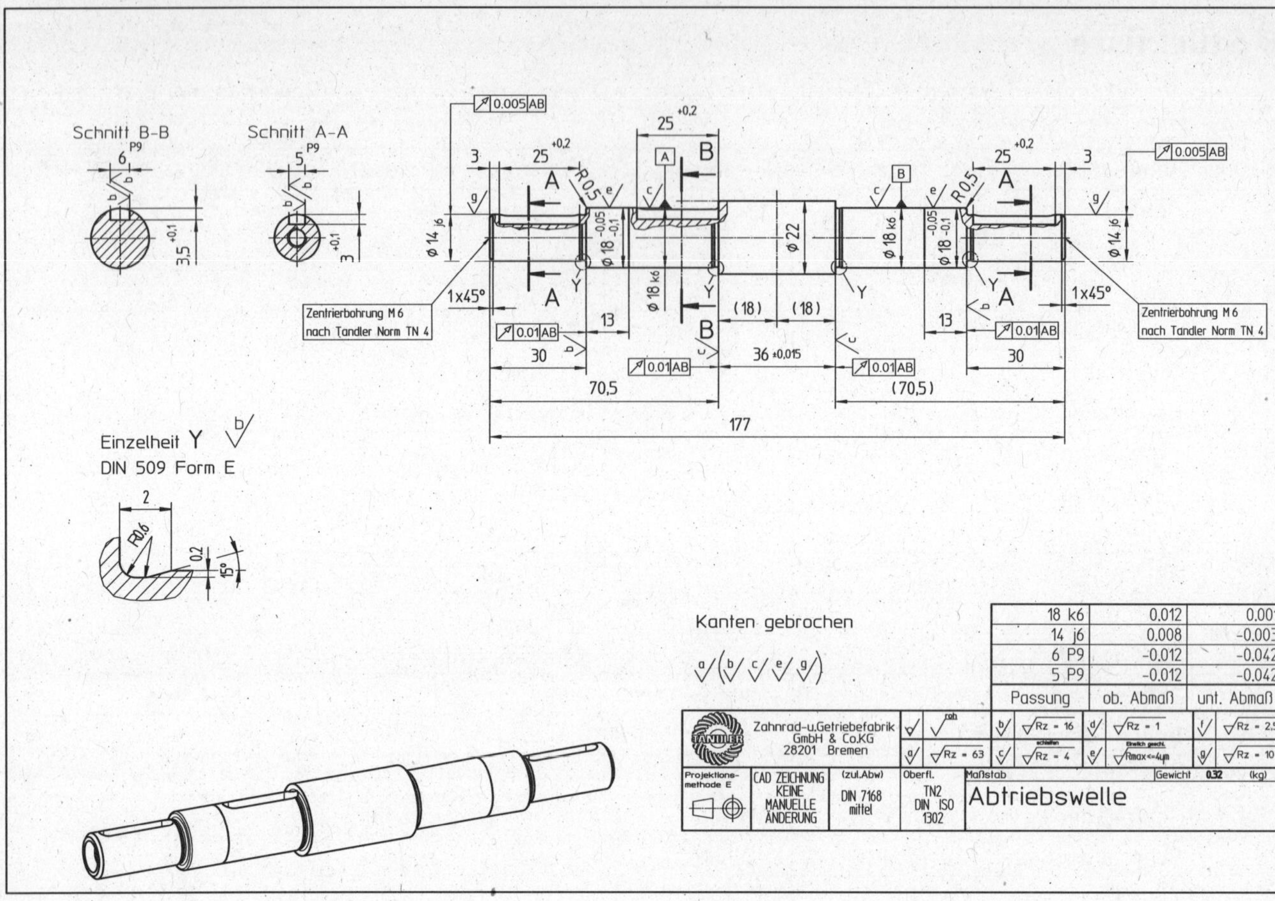

① Welche Informationen erhalten wir aus der Einzelteilzeichnung Abtriebswelle (siehe oben)?

② Erläutern Sie die folgenden Angaben in der Zeichnung (ggf. mit dem Tabellenbuch).

25+0,2

5P9

g√

D Lesen eines Arbeitsplans (Fertigungsplans)

Der Arbeitsplan S. 109 bezieht sich auf die oben abgebildete Abtriebswelle. Es handelt sich dabei um einen industriellen Fertigungsplan, wie er bei der Herstellerfirma verwendet wird.
Auf die vorgegebenen Arbeitszeiten t_r und t_e wurde aus Gründen des Datenschutzes verzichtet.

Folgende Abkürzungen werden verwendet:

AG = Arbeitsgang
Masch. = Maschinengruppe
KSt. = Kostenstelle (Abteilung)
INV = Inventurnummer
t_r = Rüstzeit (in min)
t_e = Zeit je Einheit (Einsatzzeit in min)

Name:	Klasse:	Datum:

Arbeitsplan

Teile/Zeichnungsnummer: 42000.000010	Kunde: Tandler Getriebebau
Bezeichnung: Abtriebswelle	
Größe: 00-1.1-20-I	Rohmaß: 00183
Werkstoff: C60 Fertiggewicht: 0.33	Rohgewicht: 0.71 Sachbearbeiter:

AG		Masch.	Nr.	KSt.	INV	t_r	t_e		
001	Absägen Ø 25 x 180 mm lang und bereitstellen Materialbedarf/Stück 183 mm	SÄBD	01	231101	2312				
002	Ablängen, Zentrieren, Kernloch bohren für 2 x M6 und Gewinde schneiden	BAZFR	08	233308	2441				
003	Drehen rechte Seite Ø 22 Drehen auf Schleifmaß 1 x Ø18,2 und 1 x Ø 14,2 Fräsen Passfedernut 1 x 5P9 Drehen linke Seite auf Schleif- maß 1 x Ø 18,2 und 1 x Ø 14,2 Fräsen Passfedernut 1 x 6P9 1 x 5P9	DCNC40	04	232416	2444				
004	Schleifen 2 x Ø 18k6 2 x Ø 18 -0,05/-0,1 2 x Ø 14j6	SCACNC	01	236301	2348				
005	Endkontrolle	KONTEN	01	227000	2970				
006	Anlieferung an Z-Lager	ANLZLG	01	243000	2965				

Stellen Sie anhand des Arbeitsplans für die Abtriebswelle fest:

a) Aus welchem Werkstoff wird die Abtriebswelle gefertigt? ______

b) Wie groß ist das Rohmaß für ein Werkstück? ______

c) Wie groß ist das Rohgewicht für ein Werkstück? ______

d) Wie viel Aufmaß muss für das Schleifen berücksichtigt werden? ______

e) Welche Kostenstelle hat die Endkontrolle? ______

f) Um welche Maschinen könnte es sich bei den folgenden Inventurnummern handeln?

2312 ______

2441 ______

2444 ______

2348 ______

g) Überlegen Sie, welche Fertigungszeiten t_r und t_e für die Abtriebswelle erforderlich sind, und tragen Sie diese in den Arbeitsplan ein.

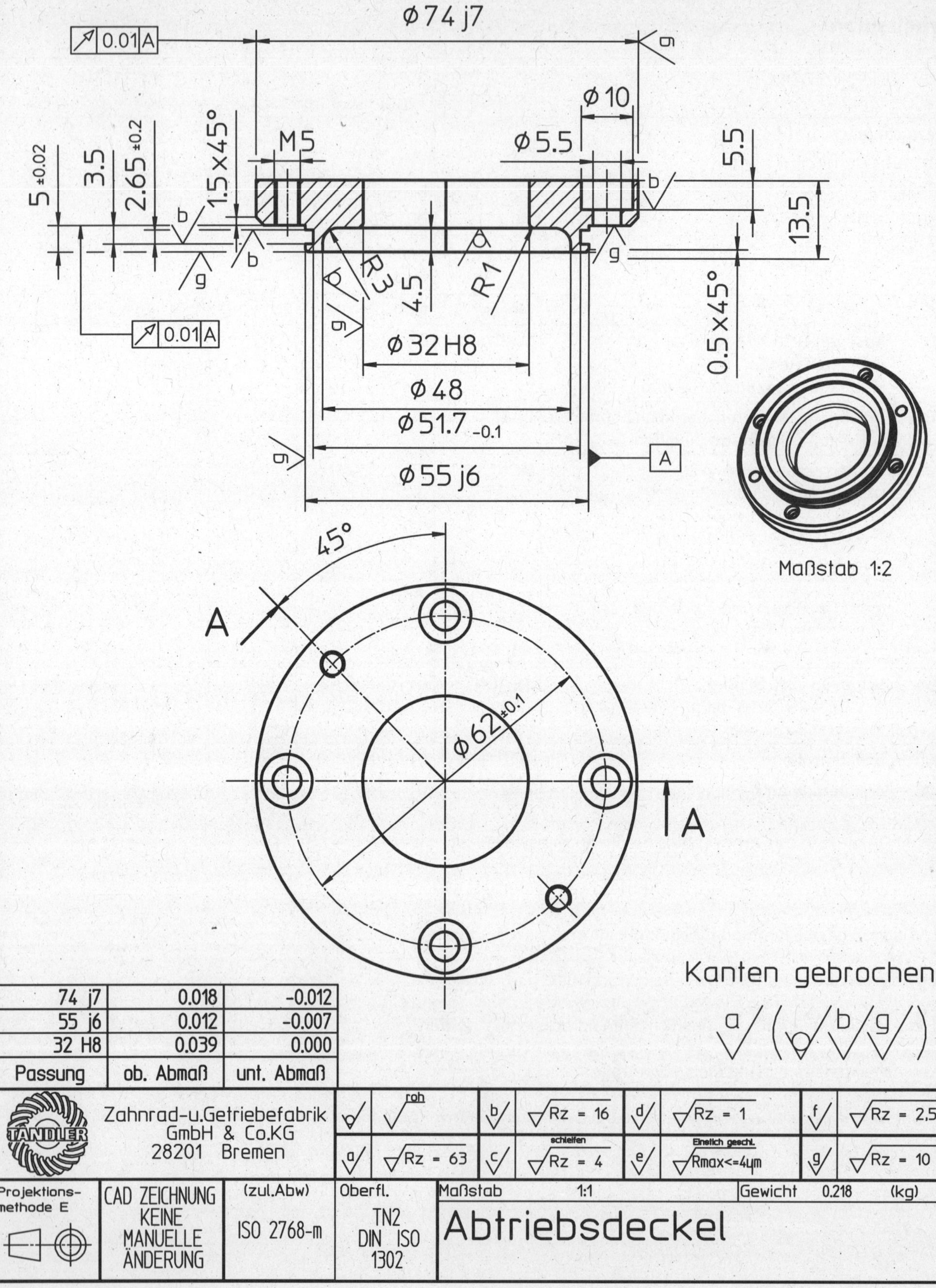

Kanten gebrochen

a√ (√ b√ g√)

74 j7	0.018	-0.012
55 j6	0.012	-0.007
32 H8	0.039	0.000
Passung	ob. Abmaß	unt. Abmaß

TANDLER — Zahnrad-u.Getriebefabrik GmbH & Co.KG 28201 Bremen	√	roh	b√	Rz = 16	d√	Rz = 1	f√	Rz = 2,5
	a√	Rz = 63	c√	schleifen Rz = 4	e√	Einstich geschl. Rmax<=4μm	g√	Rz = 10

Projektions-methode E	CAD ZEICHNUNG KEINE MANUELLE ÄNDERUNG	(zul.Abw) ISO 2768-m	Oberfl. TN2 DIN ISO 1302	Maßstab 1:1	Gewicht 0.218 (kg)	
				Abtriebsdeckel		

Name:	Klasse:	Datum:

E Aufstellen eines Arbeitsplans

① Erstellen Sie den Arbeitsplan für die Bohrarbeiten an dem Abtriebsdeckel (S. 110). Das Werkstück ist als Gussteil aus EN-GJL-250 vorhanden und bereits fertig gedreht. Wählen Sie für die Bohrarbeiten eine CNC-Fräsmaschine mit Teilkreiszyklus.

Arbeitsplan

Teile/Zeichnungsnummer: 41100.000010Q		Kunde: Tandler Getriebebau	
Bezeichnung: Abtriebsdeckel			
Größe: 00-1.1-11-Q		Rohmaß:	
Werkstoff:	Fertiggewicht: 0.22	Rohgewicht:	Sachbearbeiter:

Nr.	Arbeitsschritte	Werkzeug	Schnittges.	t_r	t_e	
1						
2						
3						
4			20 m/min			
5			20 m/min			
6			20 m/min			
7			20 m/min			
8			10 m/min			
9			10 m/min			
10						
11						
12						
13						

② Schätzen Sie Rüst- und Einsatzzeiten t_r und t_e.

③ Beschreiben Sie, welche Möglichkeiten es gibt, die Bohrungen, Senkungen und Gewinde im Abtriebsdeckel herzustellen.

a) ______________________

b) ______________________

c) ______________________

d ______________________

Problemstellung:

Zwei Heizungsanlagen, die unterschiedlich „gefahren“ werden.
Stellen Sie die Wirkungswege der Heizungsanlagen fest, indem Sie die entsprechenden Bauteile aus den Zeichnungen in die darunter stehenden Blockschaltbilder übertragen.

1

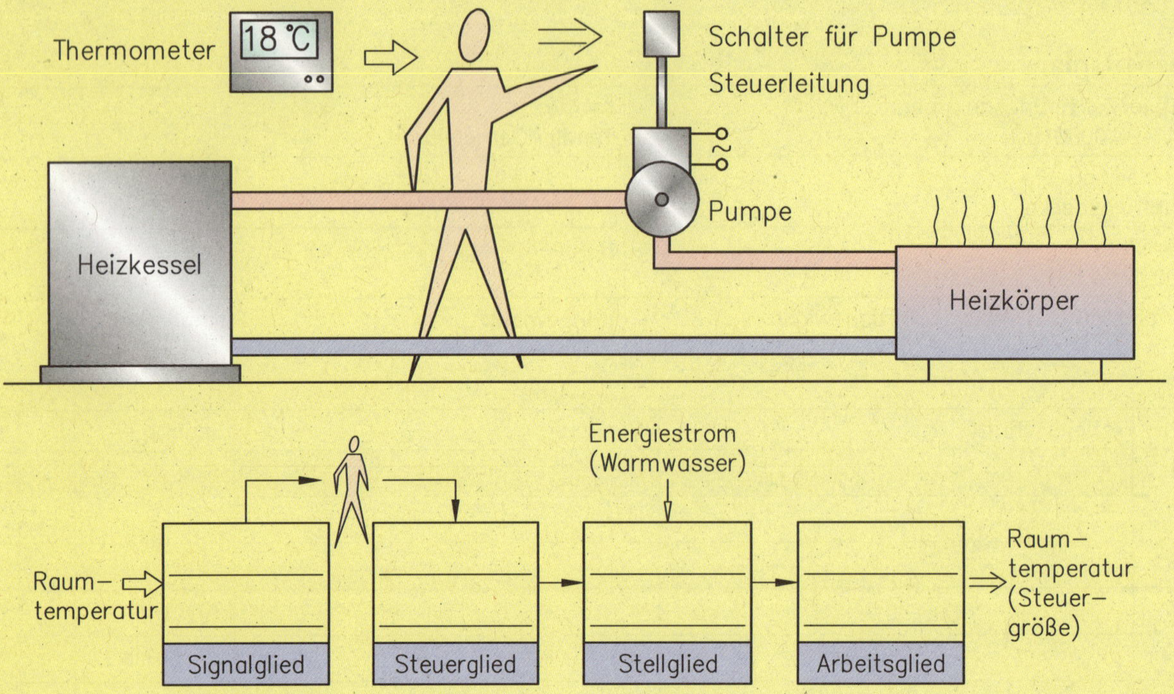

2

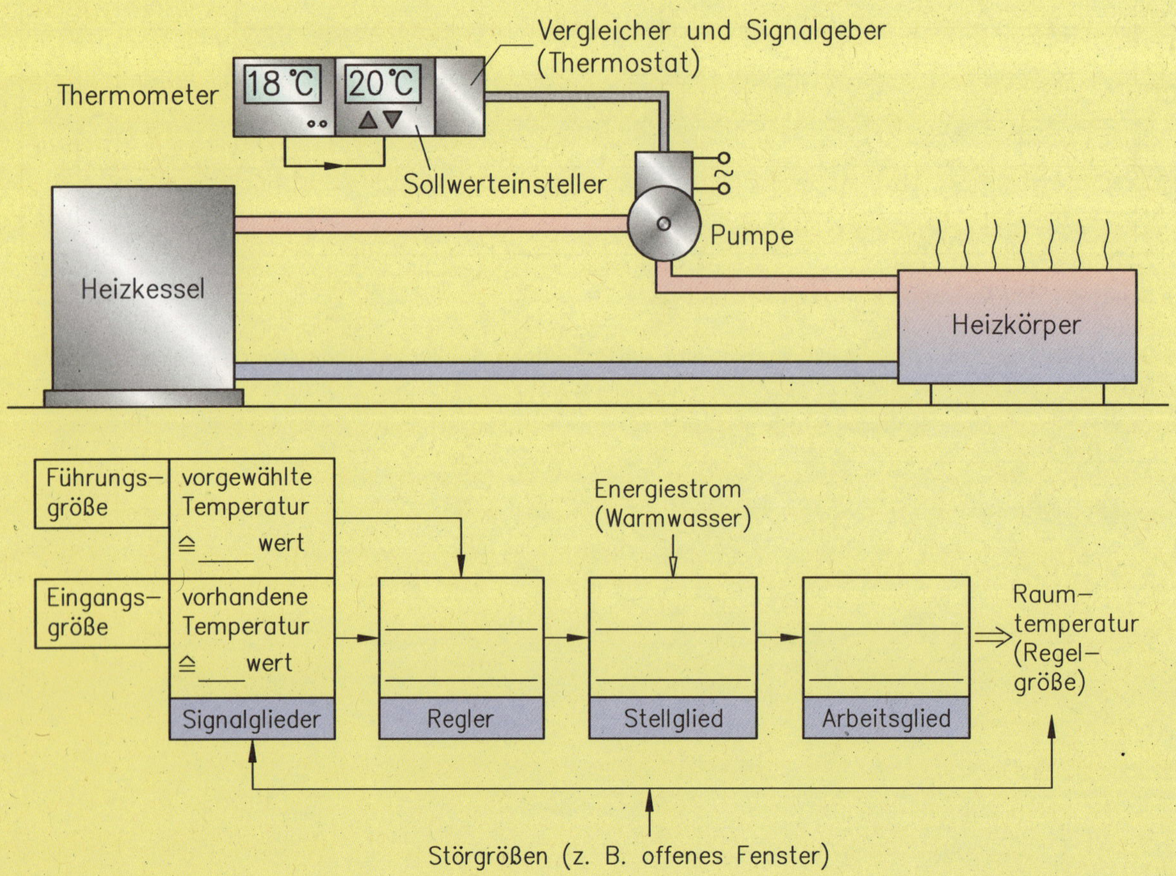

Name:	Klasse:	Datum:

Welche Heizungsanlage würden Sie vorziehen? Begründen Sie Ihre Antwort.

____

____

____

A Unterschied Steuern – Regeln

① Die Heizungsanlagen a und b stellen zwei Arten der „Lenkung" eines technischen Systems dar. Wie bezeichnet man diese beiden Arten?

Heizungsanlage a	Heizungsanlage b

② Worin besteht der grundsätzliche Unterschied dieser beiden Arten der „Lenkung"?

Der **Wirkungsablauf** beim Steuern ist	Der **Wirkungsablauf** beim Regeln ist

Wie wird der Wirkungsablauf deshalb bezeichnet?

B Wichtige Begriffe des Steuerns und Regelns

Die einzelnen Glieder einer gesteuerten bzw. geregelten Anlage werden nach ihrer Aufgabe (Funktion) bezeichnet. Ergänzen Sie die Übersicht.

Außen-temp. → ____-glied → ____-glied → ____-glied → ____-glied → Raum-temp.

____-glied	____-glied	____-glied	____-glied
Aufgabe: Erfassen von Messwerten (Informationsgebung)	Aufgabe: Verknüpfung und Speicherung von Informationen	Aufgabe: Steuerung des Energie- und Massestroms (z. B. Wärme, Druckluft)	Aufgabe: Ausführung der Arbeit (z. B. Aufheizen, Kolbenbewegung im Pneumatikzylinder)
Beispiele:	Beispiele:	Beispiele:	Beispiele:

Im Folgenden wird „Steuern und Regeln" am Beispiel pneumatischer Anlagen dargestellt.

A Pneumatische Anlage

① Was versteht man unter Pneumatik?

② a) Skizzieren Sie bei II die Stellung des Wegeventils und des Arbeitszylinders, wenn die Anlage durch das Fußpedal betätigt wird, und tragen Sie mit Pfeilen den Zufluss der Druckluft ein.
b) Zeichnen Sie bei I mit Pfeilen den Abfluss der Druckluft ein, wenn der Fuß vom Fußpedal des Wegeventils genommen wird.

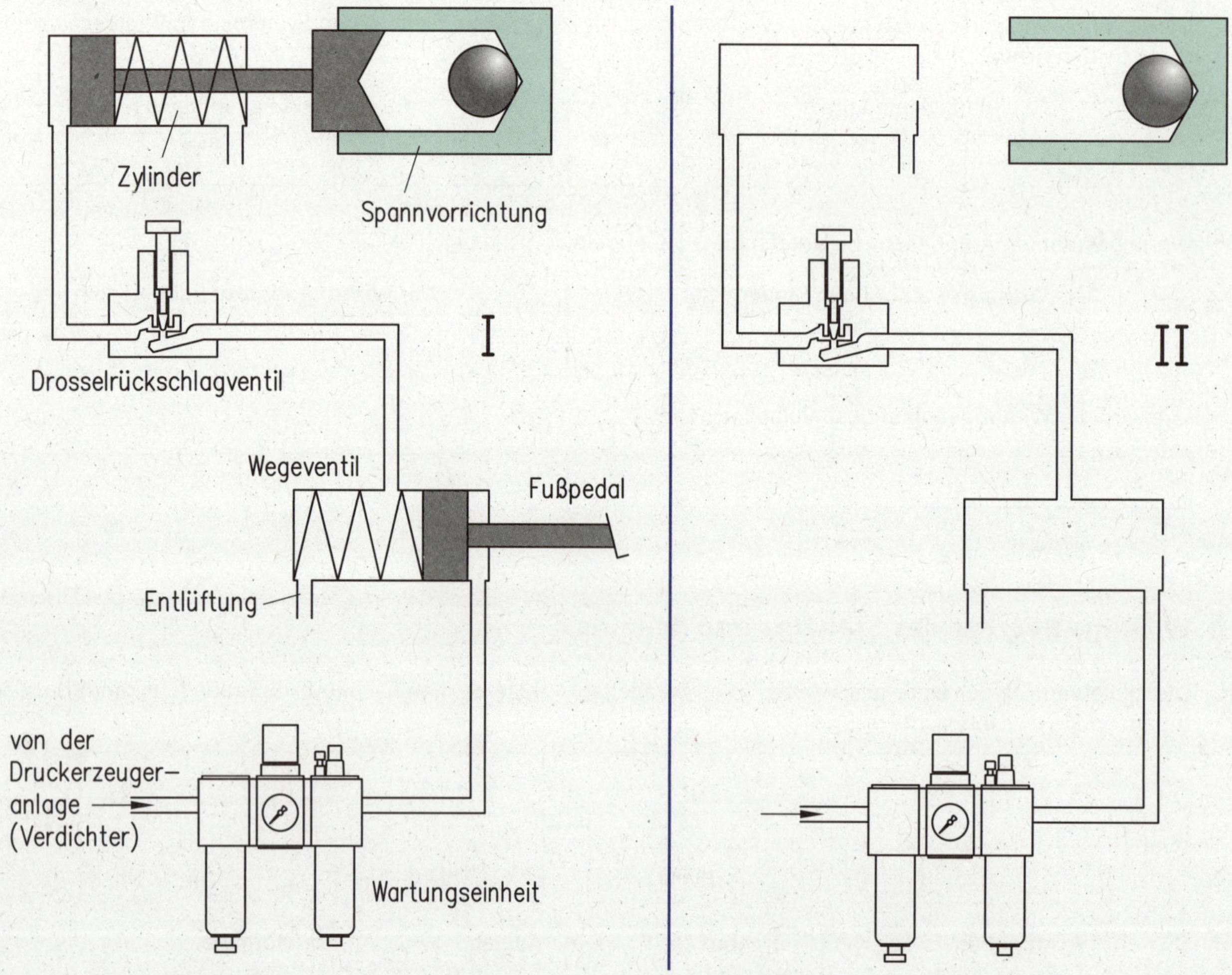

③ Welchen Zweck hat bei der Druckluftanlage oben das Drosselrückschlagventil?

Beim **Zurückfahren** des Zylinderkolbens (Entlüften):

Beim **Vorwärtsfahren** des Zylinderkolbens (Arbeitsgang):

Name: Klasse: Datum:

Bei den folgenden Aufgaben sind in den Zeichnungen nicht **alle** umlaufenden Kanten und Mittellinien eingezeichnet. Die Verfasser folgen hier den Darstellungen der Herstellerfirmen, die dadurch offensichtlich den jeweiligen Druckluftbereich herausheben wollen.

B Verdichter

① Wie bezeichnet man die abgebildeten Luftverdichter?

② Tragen Sie mit Pfeilen den Verlauf des Luftstroms ein und kennzeichnen Sie die Saugseite und die Druckseite an den Verdichteranschlüssen mit S bzw. D.

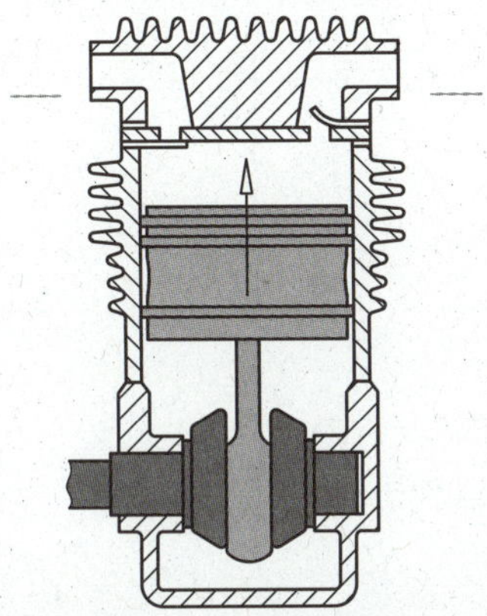

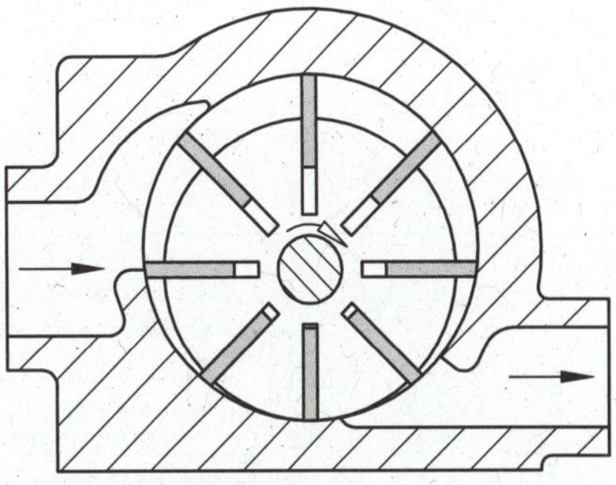

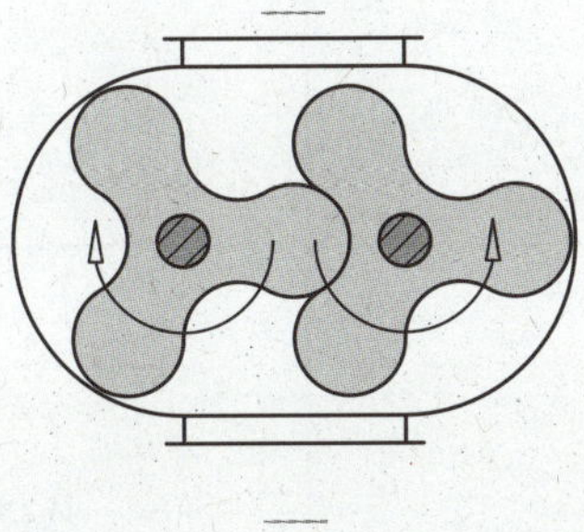

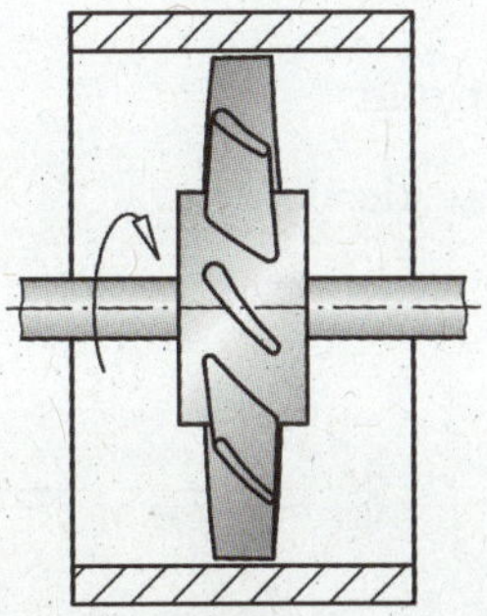

C Arbeitsglieder (Zylinder und Motoren)

① Welche grundsätzliche Aufgabe haben Druckluftzylinder und -motoren, die als Arbeitsglieder (Antriebsglieder) eingesetzt werden? (vgl. die Anlage S. 114)

(Energieart)

Umwandlung in

(Energieart)

② a) Wie bezeichnet man die abgebildeten Zylinder?
b) Wodurch erfolgen die Bewegungen des Kolbens?
c) Ergänzen Sie neben der Abbildung das entsprechende Sinnbild, wie es in der Darstellung von pneumatischen Anlagen verwendet wird (s. Tabellenbuch).

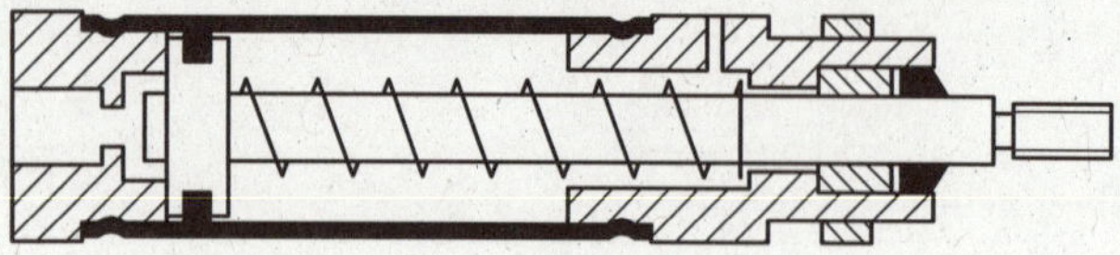

a)

b) Vorhub durch

Rückhub durch

c)

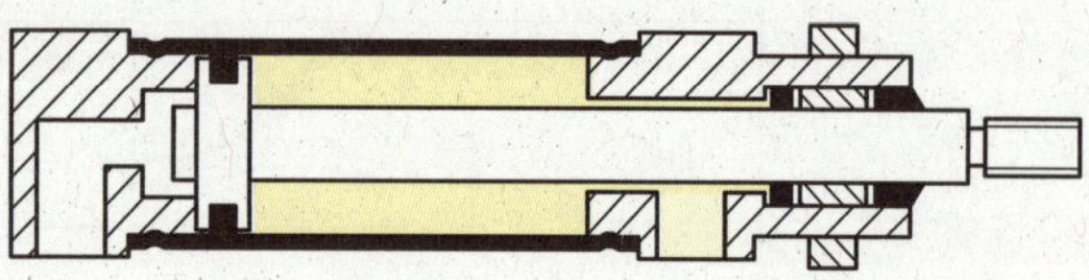

a)

b) Vorhub durch

Rückhub durch

c)

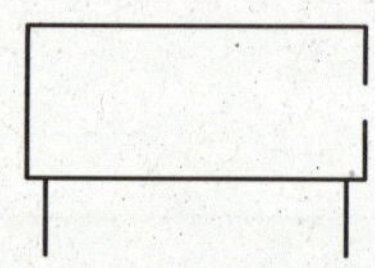

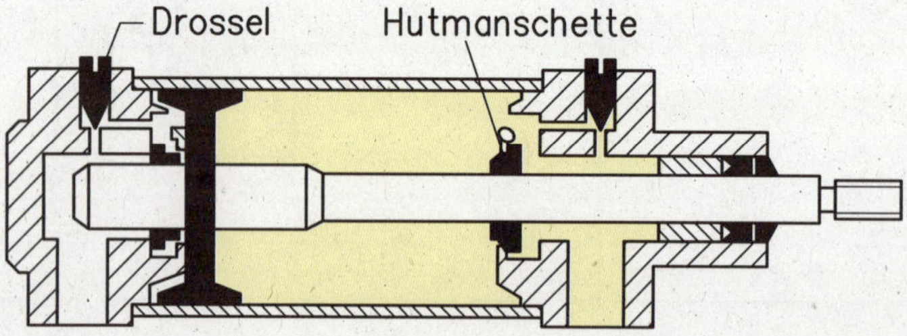

a)

b) Welchen Vorteil hat dieser Zylinder?

c)

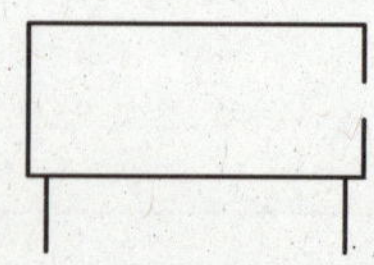

Was bedeutet der Pfeil im Bildzeichen?

Name: | Klasse: | Datum:

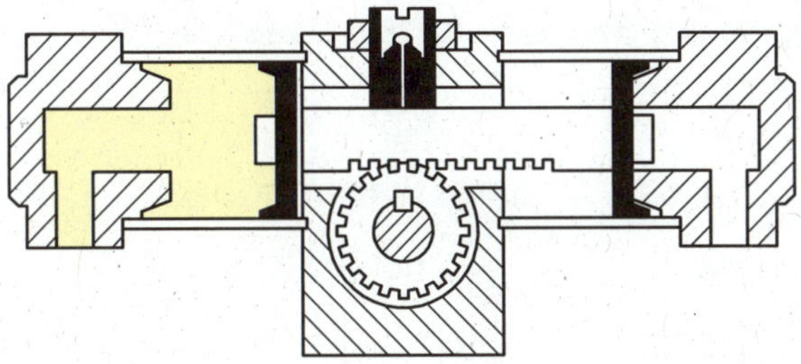

a) ______________________

b) Welche besondere Aufgabe hat dieser Zylinder?

____

____

c)

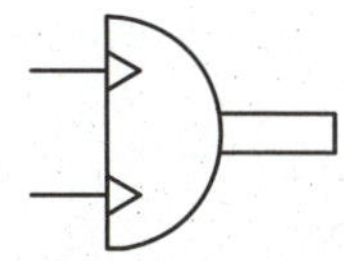

③ a) Wie bezeichnet man die abgebildeten Druckluftmotoren?
b) Skizzieren Sie den Weg der Druckluft mit Pfeilen.
c) Ergänzen Sie das zugehörige Sinnbild.

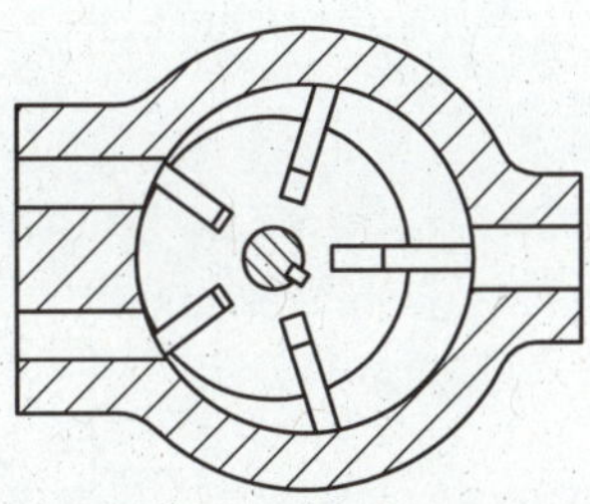

a) ______________________

c)

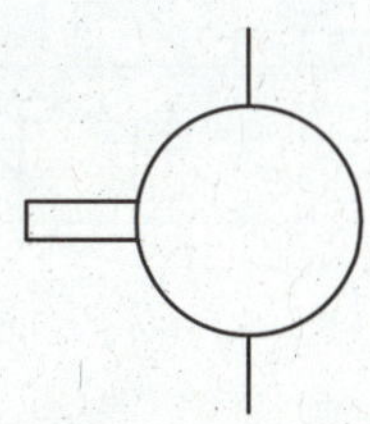

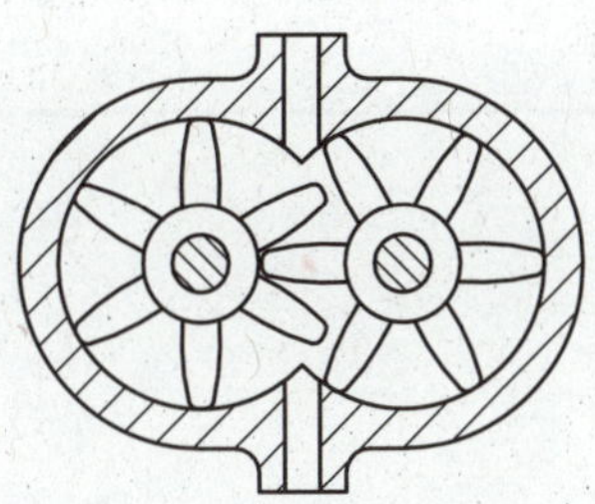

a) ______________________

c)

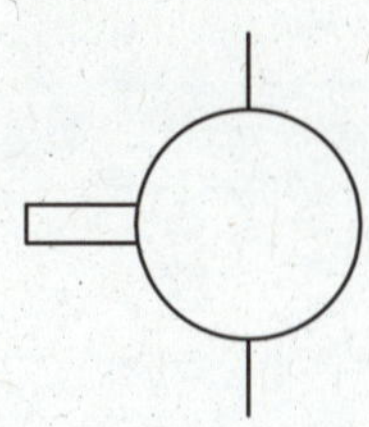

D Ventile (Steuer- und Stellglieder)

Wie bezeichnet man Ventile, die in einer pneumatischen Anlage die folgenden Aufgaben erfüllen?

Sie steuern Beginn, Ende und Richtung der Druckluftströmung.	Sie steuern die Menge der durchströmenden Druckluft.	Sie sperren die Druckluftströmung in einer Richtung.	Sie regeln den Druck in der pneumatischen Anlage.

E Wegeventile

Die **Anschlüsse** bei pneumatischen Wegeventilen werden mit Ziffern bezeichnet.

Dabei bedeuten:

Druckanschluss (Zufluss):	**1**	**(alte Norm: P)**
Arbeitsanschlüsse:	**2 (4, 6 ...)**	**(alte Norm: A (B, C ...))**
Entlüftung (Abfluss):	**3 (5, 7 ...)**	**(alte Norm: R (S, T ...))**

① Wie bezeichnet man die abgebildeten Wegeventile?
Markieren Sie bei den Sinnbildern jeweils mit X die Schaltstellung, welche in der Ventilabbildung dargestellt ist.

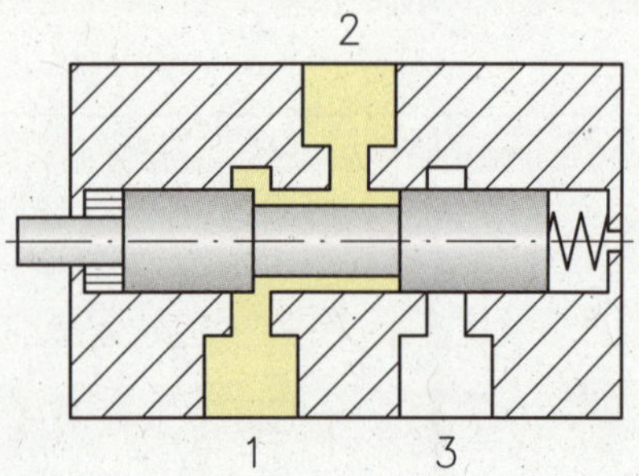

____
(Ventilbezeichnung)

Dieses Ventil hat ____ gesteuerte Anschlüsse.

Dieses Ventil hat ____ Schaltstellungen.

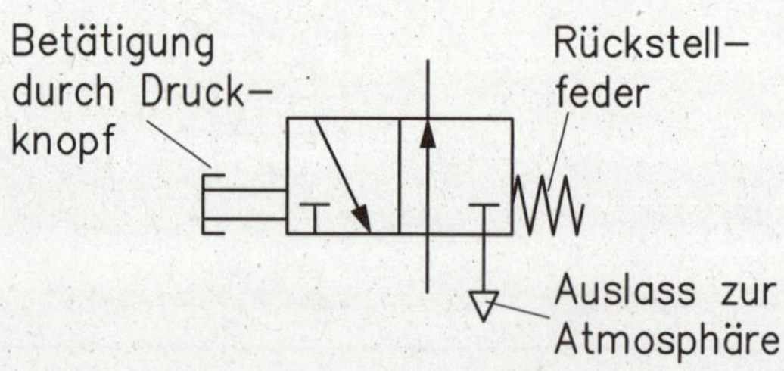

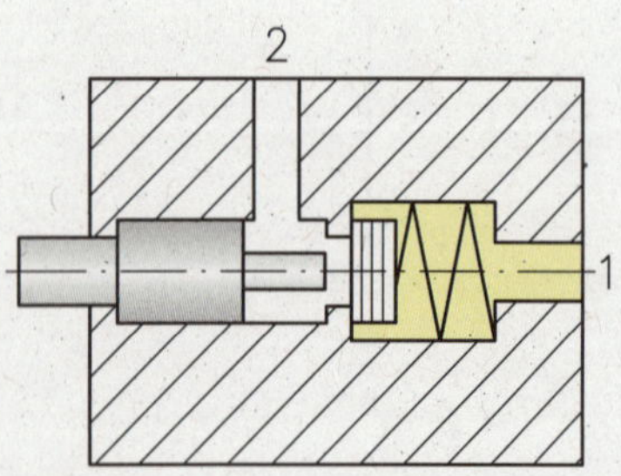

____
(Ventilbezeichnung)

Dieses Ventil hat ____ gesteuerte Anschlüsse.

Dieses Ventil hat ____ Schaltstellungen.

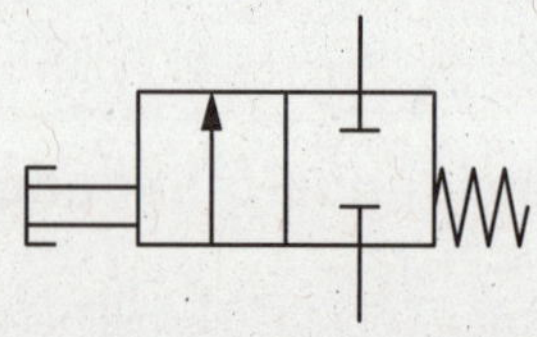

Name: ____________ Klasse: ________ Datum: ________

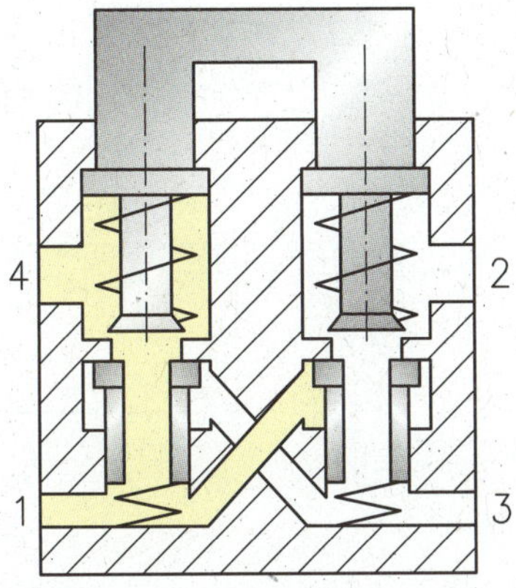

____

(Ventilbezeichnung)

Dieses Ventil hat ___ gesteuerte Anschlüsse.

Dieses Ventil hat ___ Schaltstellungen.

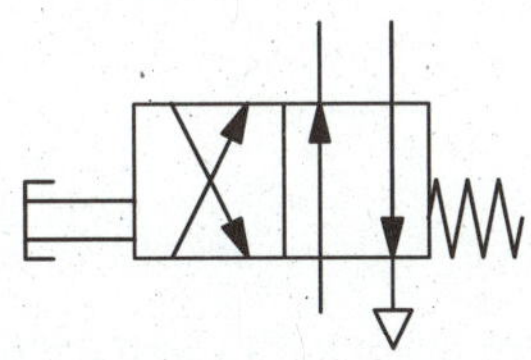

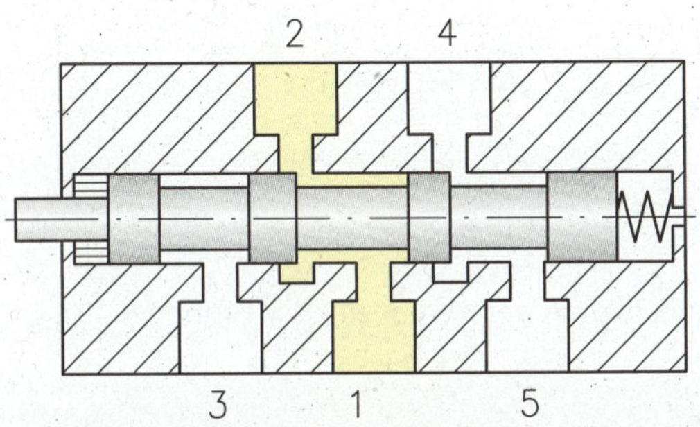

____

(Ventilbezeichnung)

Dieses Ventil hat ___ gesteuerte Anschlüsse.

Dieses Ventil hat ___ Schaltstellungen.

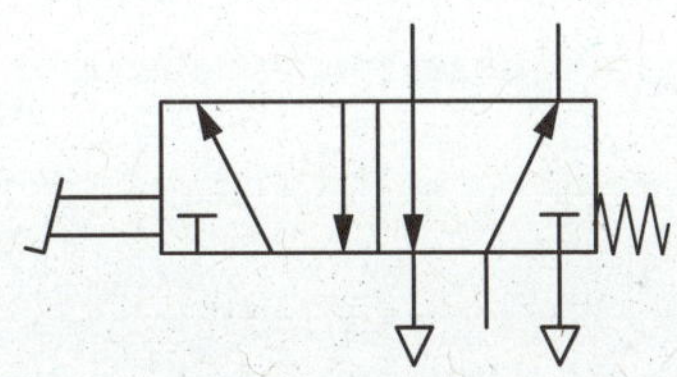

② Wegeventile können auf unterschiedliche Weise betätigt werden. Welche Betätigungen sind in den folgenden sinnbildlichen Darstellungen gemeint?

 ____________________

 ____________________

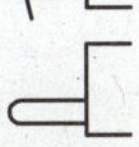 ____________________

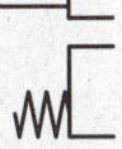 ____________________

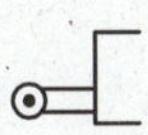 ____________________

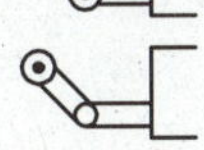 ____________________

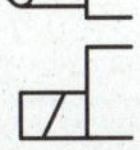 ____________________

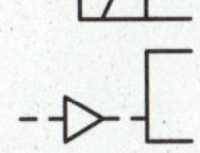 ____________________

F Stromventile

① Welche genauere Bezeichnung haben die abgebildeten Ventile? Ergänzen Sie jeweils das Sinnbild.

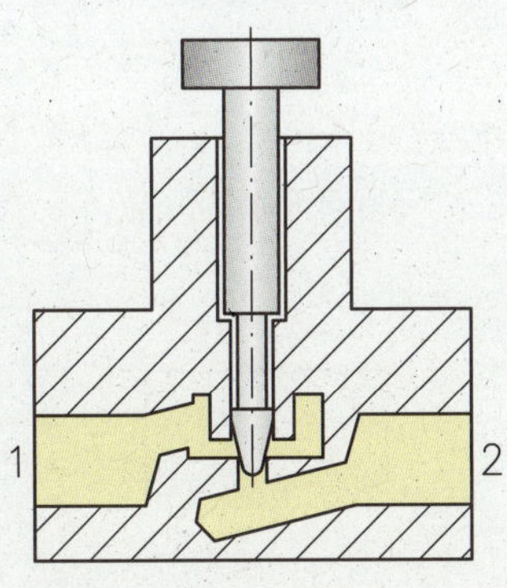

____

(Ventilbezeichnung)

____

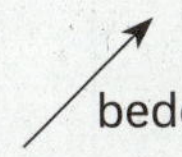 bedeutet: ____________________

____

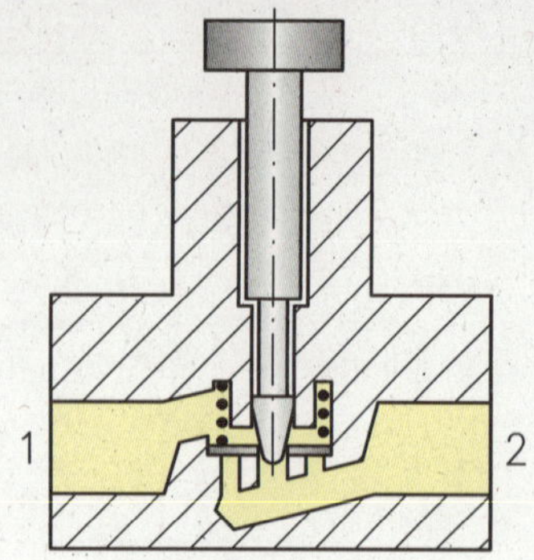

(Ventilbezeichnung)

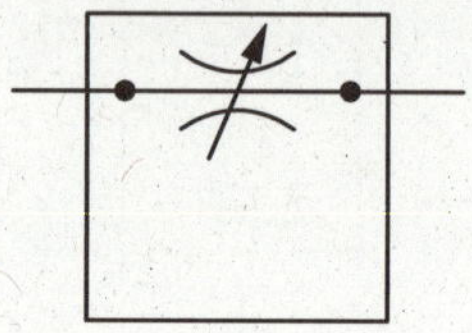

② Wie funktioniert ein Drosselrückschlagventil?

a) Wenn der Luftstrom **von 1 nach 2** fließt,

b) Wenn der Luftstrom **von 2 nach 1** fließt,

G Sperrventile

Welche genauere Bezeichnung haben die abgebildeten Ventile? Ergänzen Sie jeweils das Sinnbild.

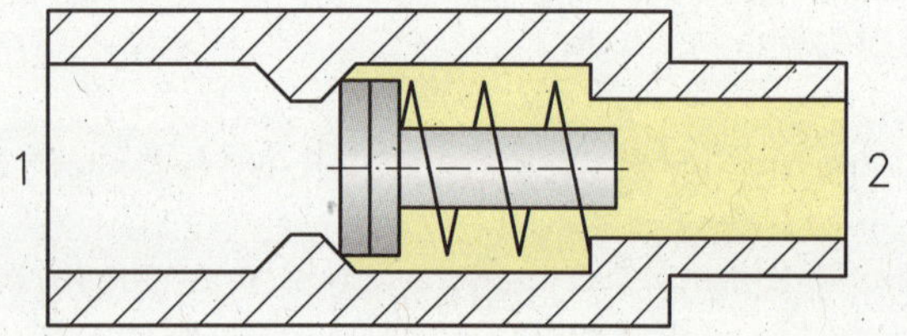

(Ventilbezeichnung)

a) Wenn der Luftstrom **von 1 nach 2** fließt, ist das Ventil

b) Wenn der Luftstrom **von 2 nach 1** fließt, ist das Ventil

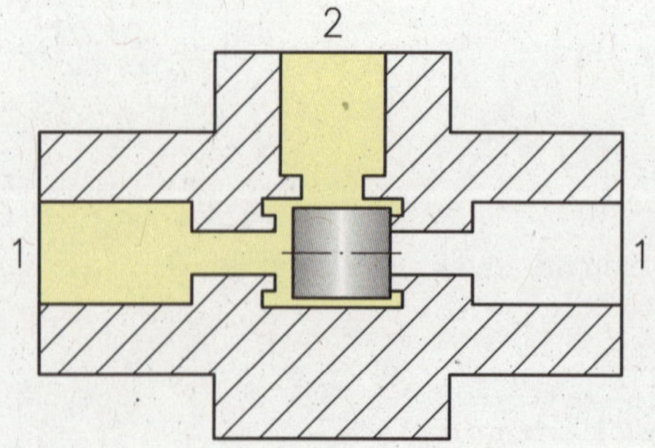

(Ventilbezeichnung)

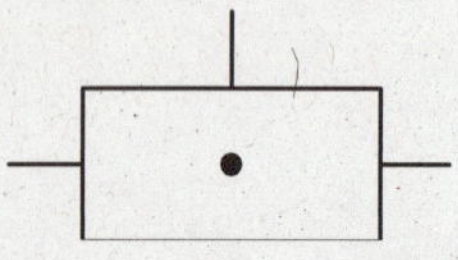

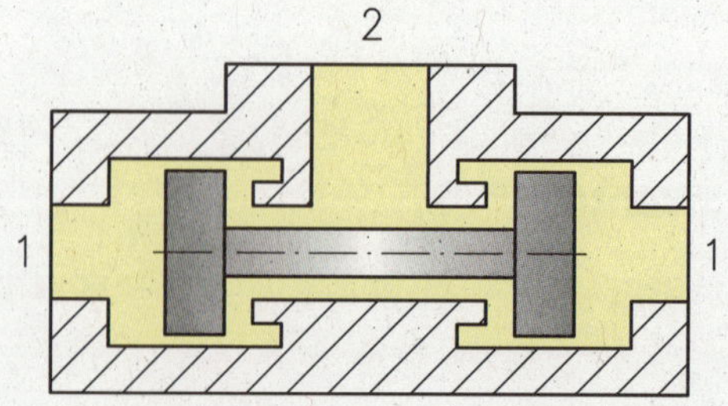

(Ventilbezeichnung)

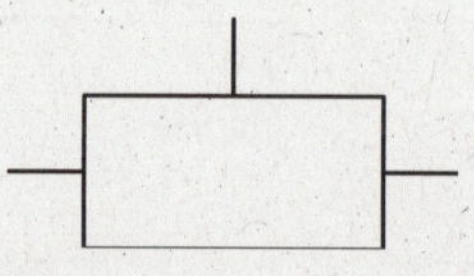

Name: | Klasse: | Datum:

H Schaltplan

Beispiel:
Transportanlage
(Ein Paket soll angehoben und auf ein Förderband geschoben werden.)

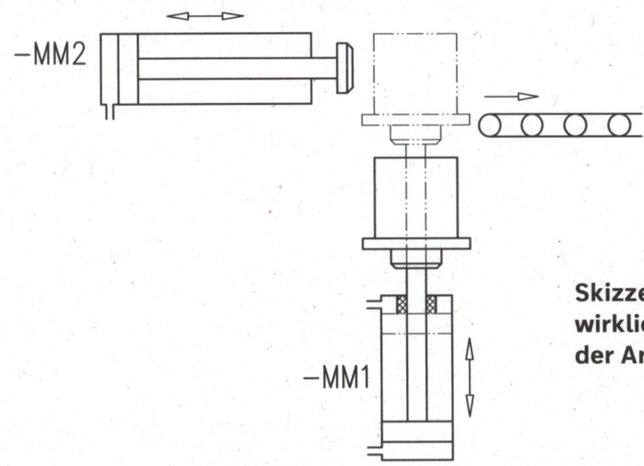

Skizze der wirklichen Lage der Arbeitsglieder

Aus der obigen räumlichen Skizze ergibt sich folgender **Schaltplan**:

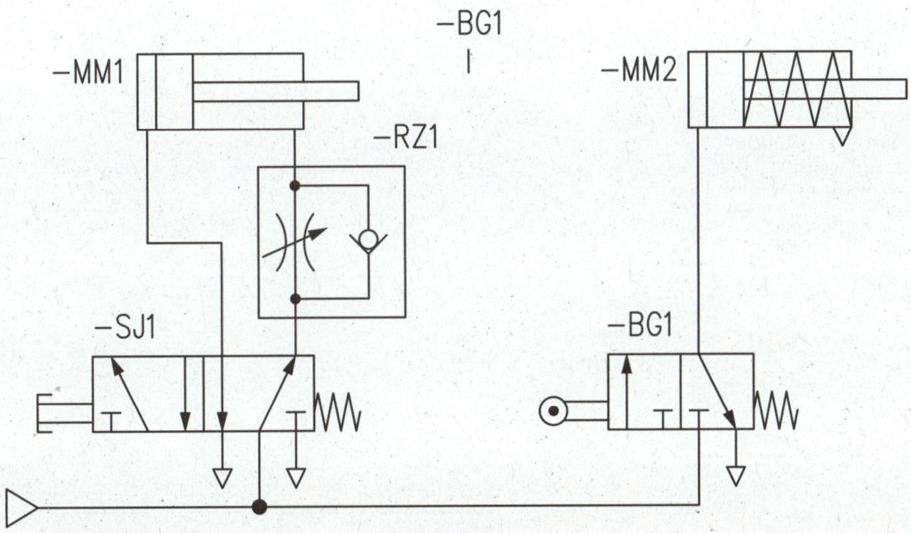

① Wie heißen die einzelnen Teile der Anlage (Fachausdrücke)?

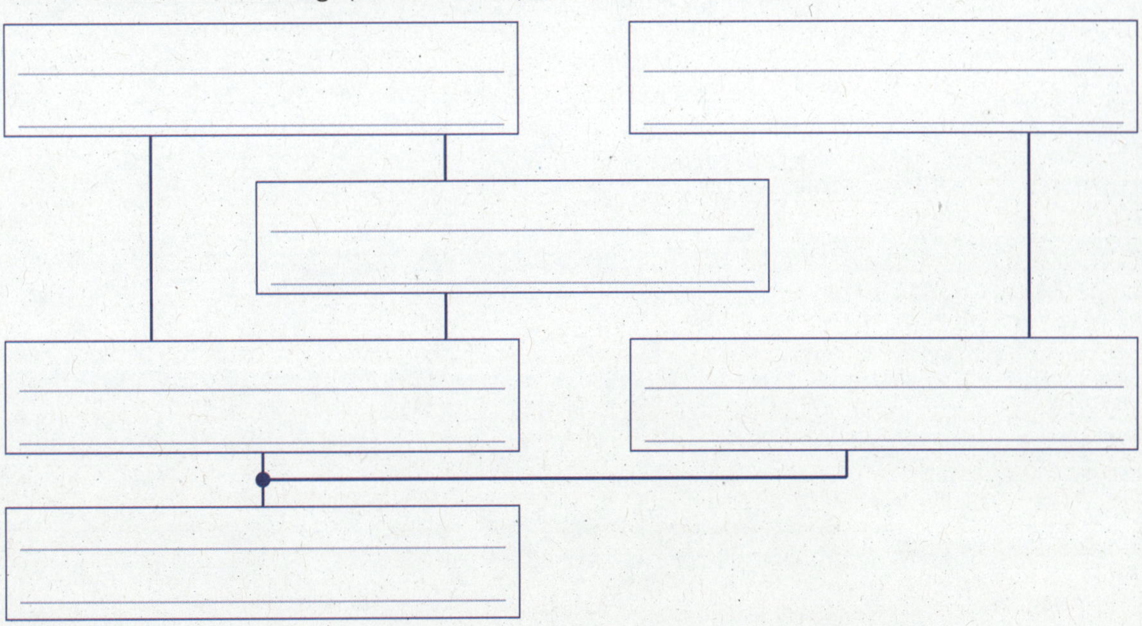

Die Kennzeichnung der Bauteile (Objekte) erfolgt nach DIN EN 81346. Alternativ wäre eine Kennzeichnung nach ISO 1219 oder vereinfacht nach DIN EN 81346 möglich.

I Funktionsdiagramm (Weg-Schritt-Diagramm)

(Hinweis: Das Weg-Schritt-Diagramm ist nicht genormt.)

① Welchen Zweck hat ein Funktionsdiagramm (vgl. S. 123 oben)?

______

______

______

② Was bedeuten die einzelnen (mit I–V gekennzeichneten) Linienabschnitte in einem Funktionsdiagramm?

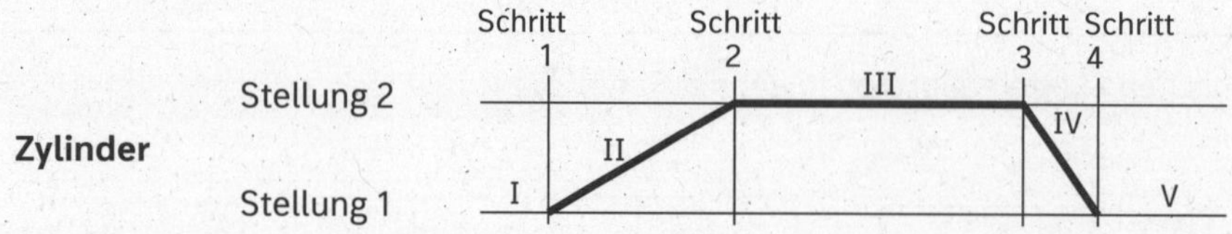

I ≙ Zylinder ______

II ≙ Zylinder ______

III ≙ Zylinder ______

IV ≙ Zylinder ______

V ≙ Zylinder ______

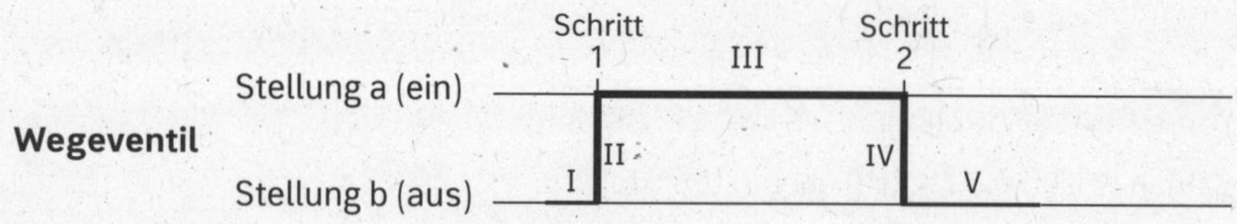

I ≙ Ventil ______

II ≙ Ventil ______

III ≙ Ventil ______

IV ≙ Ventil ______

V ≙ Ventil ______

Name: Klasse: Datum:

③ Im Folgenden haben Sie das Funktionsdiagramm der Transportanlage (vgl. S. 121) abgebildet.

Bauelemente			
Benennung	Nr.	Lage/Zustand	
doppelt wirkender Zylinder	–MM1		2 1
einfach wirkender Zylinder	–MM2		2 1
5/2–Wegeventil	–SJ1		a b
3/2–Wegeventil	–BG1		a b

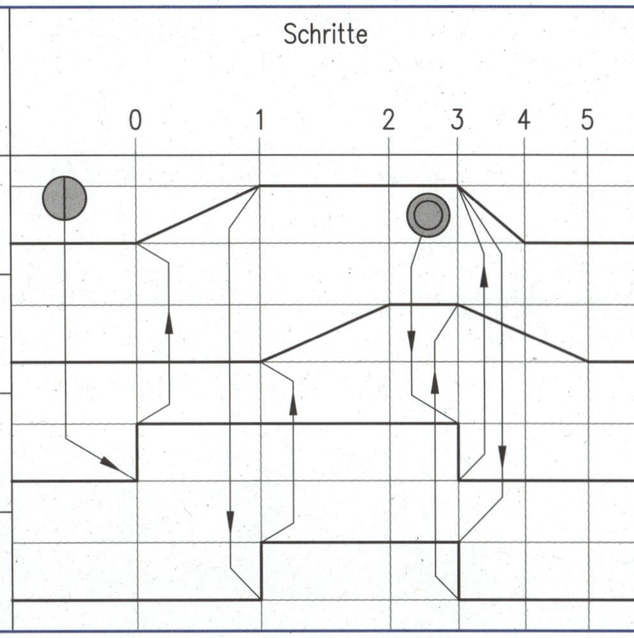

Erläuterung: ≙ Ein (Knopfdruck am 5/2-Wegeventil)

≙ Aus (Loslassen des Knopfs am 5/2-Wegeventil)

≙ Signallinie (gibt Steuerwirkung an)

Ziehen Sie die Signallinien farbig nach und stellen Sie fest, welche Glieder Sie jeweils verbinden.

④ Beschreiben Sie anhand des Funktionsdiagramms nun die einzelnen Funktionsabschnitte der pneumatischen Transportanlage. (Vgl. Sie dazu auch immer den Schaltplan.)

1. Drücken des Druckknopfs am Wegeventil –SJ1.

↓

2. Wegeventil –SJ1 geht in Stellung ______.

↓

3. Zylinder ______ fährt in Stellung ______.

↓

4. Wegeventil ______ geht in Stellung ______.

↓

5. Zylinder ______ fährt in Stellung ______. (≙ Paket auf Förderband)

6. Loslassen des Druckknopfs am Wegeventil –SJ1.

↓

7. Wegeventil ______ wird durch Feder zurückgestellt in Stellung ______.

↓

8. Zylinder ______ fährt in Stellung ______.

↓

9. Wegeventil ______ wird durch Feder zurückgestellt in Stellung ______.

↓

10. Zylinder ______ wird durch Feder zurückgestellt in Stellung ______.

(≙ alle Zylinder und Wegeventile haben wieder die gleiche Stellung wie vor dem Drücken des Druckknopfs).

⑤ Warum erscheint das Drosselrückschlagventil –RZ1 nicht im Funktionsdiagramm?

____

____

J GRAFCET (DIN EN 60848)

2005 wurde DIN 40719 Teil 6 „Funktionsplan“ durch DIN EN 60848 „GRAFCET“ ersetzt. Seitdem wird zunehmend das Funktionsdiagramm (Weg-Schritt-Diagramm) durch GRAFCET ersetzt.

In einem GRAFCET werden Steuerfunktionen mit Schritten und Weiterschaltbedingungen (Transitionen) dargestellt. An jeden Schritt können beliebig viele auszuführende Aktionen (Befehle) angeschlossen werden. Es gibt auch verzweigte Abläufe. Der GRAFCET ist technologieunabhängig, d. h., die Realisierung kann z. B. pneumatisch, elektrohydraulisch oder durch eine speicherprogrammierbare Steuerung (SPS) erfolgen.

① Ergänzen Sie den folgenden GRAFCET, der sich auf die Transportanlage auf Seite 121 bezieht, duch kurze Kommentare.

GRAFCET

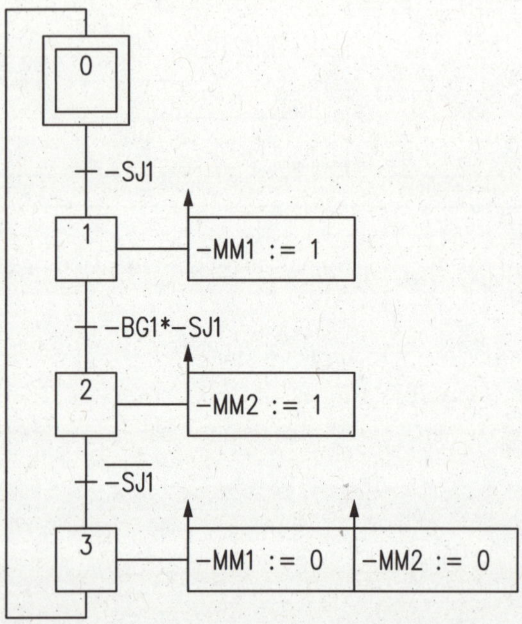

„Kommentar“

„Einschaltzustand“ (Ausgangsstellung)

② Woran ist im GRAFCET zu erkennen, dass Zylinder −MM1 im Schritt 2 ausgefahren bleibt?

③ Im GRAFCET wird die Aktion in Schritt 2 von „speichernd wirkend“ auf „kontinuierlich wirkend“ geändert. Skizzieren Sie entsprechend die Schritte 2 und 3.

④ Was geschieht, wenn der Startknopf an −SJ1 zu früh losgelassen wird?

Bildquellenverzeichnis

|Alzmetall Werkzeugmaschinenfabrik GmbH & Co. KG, Altenmarkt: 15.4. |August Beck GmbH & Co. KG, Winterlingen: 36.2, 36.4. |Di Gaspare, Michele (Bild und Technik Agentur für technische Grafik und Visualisierung), Bergheim: Titel, Titel, Titel, Titel, 6.1, 6.2, 7.1, 10.1, 11.2, 11.3, 11.4, 12.1, 14.1, 14.2, 16.1, 16.2, 17.1, 17.2, 17.3, 18.1, 18.2, 20.1, 20.2, 20.3, 20.4, 20.5, 21.1, 21.2, 21.3, 21.4, 21.5, 21.6, 22.1, 23.5, 23.6, 24.1, 24.2, 24.3, 24.4, 24.5, 25.1, 25.2, 25.3, 25.4, 25.5, 26.1, 26.2, 26.3, 27.1, 27.2, 27.3, 27.4, 28.1, 28.2, 28.3, 31.1, 31.2, 31.3, 32.1, 32.2, 32.3, 33.1, 33.2, 33.3, 33.4, 33.5, 33.6, 33.7, 33.8, 33.9, 34.1, 34.2, 34.3, 36.1, 37.3, 37.4, 38.3, 39.4, 39.5, 40.1, 40.2, 42.1, 42.2, 43.1, 43.2, 43.3, 44.1, 44.3, 45.1, 45.2, 45.3, 45.4, 45.5, 46.1, 46.2, 46.3, 48.1, 49.1, 49.2, 50.1, 50.2, 50.3, 51.1, 51.2, 51.3, 51.4, 51.5, 52.1, 52.2, 52.3, 52.4, 53.1, 53.2, 53.3, 53.4, 54.1, 54.2, 54.3, 58.1, 58.2, 59.1, 60.1, 61.1, 61.2, 65.1, 66.1, 66.2, 66.3, 66.4, 67.1, 67.2, 67.3, 82.1, 82.2, 82.3, 83.1, 83.2, 83.3, 90.1, 91.1, 91.2, 91.3, 91.4, 92.1, 92.2, 92.3, 92.4, 92.5, 92.6, 96.1, 96.2, 96.3, 96.4, 96.5, 96.6, 96.7, 96.8, 96.9, 97.1, 97.2, 98.1, 98.2, 99.1, 99.2, 99.3, 100.1, 100.2, 100.3, 100.4, 101.1, 102.1, 103.1, 103.2, 104.1, 105.1, 105.2, 105.3, 105.4, 105.5, 105.6, 108.2, 112.1, 112.2, 112.3, 112.4, 114.1, 114.2, 115.1, 115.2, 115.3, 115.4, 115.5, 116.1, 116.2, 116.3, 116.4, 116.5, 116.6, 117.1, 117.2, 117.3, 117.4, 117.5, 117.6, 118.1, 118.2, 118.3, 118.4, 119.1, 119.2, 119.3, 119.4, 119.5, 119.6, 119.7, 119.8, 119.9, 119.10, 119.11, 119.12, 119.13, 119.14, 120.1, 120.2, 120.3, 120.4, 120.5, 120.6, 120.7, 120.8, 121.1, 121.2, 122.1, 122.2, 123.1, 123.2, 124.1, 124.2, 124.3. |Düker GmbH, Karlstadt/Main: 62.1, 62.2. |fotolia.com, New York: auremar 5.1; blende40 15.2; Monkey Business 87.1. |Frisch, Heinz, Königsbrunn: 29.1, 76.1. |Hoffmann SE, München: 7.2, 7.3, 8.1, 8.2, 8.4, 8.5, 9.1, 9.2, 9.3, 9.4, 9.5, 9.6, 11.1, 14.3, 14.4, 14.5, 14.6, 19.1, 19.2, 19.3, 19.4, 22.2, 22.3, 23.1, 23.2, 23.3, 23.4, 35.1, 35.2, 35.3, 35.4, 36.3, 36.5, 36.6, 37.1, 37.2, 38.1, 38.2. |iStockphoto.com, Calgary: 15.1. |KASTO Maschinenbau GmbH & Co. KG, Achern-Gamshurst: 15.3. |Klaus Kuhn Edelstahlgießerei GmbH, Radevormwald: 39.3. |Kloss, Hans, Lorch: VG Bild-Kunst, Bonn 2021 81.1. |Metabowerke GmbH, Nürtingen: 44.2. |Metallgiesserei Wilhelm Funke GmbH & Co. KG, Alfeld (Leine): 39.1, 39.2. |RÖHM GMBH SONTHEIM, Sontheim: 29.2, 29.3, 30.1, 30.2, 30.3. |Shutterstock.com, New York: BACHTUB DMITRII 41.2; Nordroden 41.5. |stock.adobe.com, Dublin: bajita111122 41.3; Bartussek, Ingo 5.2; Bergamasco, Fabio 41.4; Boroda 41.1; cristianstorto 8.3; ultramcu 41.7; vander 41.6. |TANDLER Zahnrad- und Getriebefabrik GmbH & Co. KG, Bremen: 106.1, 106.2, 108.1, 110.1. |Technische Universität Chemnitz, Chemnitz: 15.6. |TRUMPF Gruppe, Ditzingen: 15.5.